テンプレート
で わかる

GIGA
スクール
対応!

算数・理科の
クラウド
活用

監修
堀田龍也

編著
久保田善彦・中野博幸・佐藤和紀

今すぐ始める
Google Workspace for Education

東洋館
出版社

はじめに

▬▬ ▪▪▪ ▬▬

　全国の学校に，1人1台端末とクラウド環境が導入されました。GIGAスクール構想による環境整備は，教育のDX（デジタルトランスフォーメーション）を強力に推進します（GIGAスクール構想とクラウド活用の詳しい説明は，p.4～7）。大きな期待とともに，この教育資源を授業にどのように生かすべきかと悩んでいる先生も多いようです。特に，クラウドの活用イメージを明確にもてずに，実践を躊躇している，チャレンジしてみたもののうまくいかないといった話をよく伺います。本書は，そんな先生方が，気軽にかつ効果的に1人1台端末とクラウド環境を活用できる方法を紹介します。また，実践を進めていく中で，クラウド活用の意義とよりよい方法を理解し，事例にない単元や教科においても効果的に応用できることを目指しています。

・誰でも，今すぐ使えるクラウド活用テンプレート

　初めての先生でもすぐに使えるように，37事例のテンプレートを用意しました。本書のクラウド環境はGoogle Workspace for Educationです。二次元コードからテンプレートにアクセスし，ご自身のドライブにコピーしてください（コピーの方法やGoogle Classroomでの配信方法はp.21）。コピーをそのまま児童に配付したり，児童の実態や学習の流れに応じてカスタマイズしたりすることも可能です。他のクラウドをご利用の先生方もデータの変換をすれば多くのテンプレートが活用できます。

　テンプレートは，教科書の学習の流れに沿った単元展開の中で活用できるものを中心としています。テンプレートごとに，実際の授業での活用事例等を紹介しています。児童にどのように配付するのか，児童はどのような活動を展開するのか，そこで教師はどう対応すべきかなどを丁寧に解説していますので，実践のイメージが明確になります。

・算数と理科に特化した効果的活用の提案

　本書は，アプリの活用法や機能を学ぶことを目的としていません。日々の授業において効果的に活用できることを目的としています。具体的な活動をイメージするために，科目を小学校の算数と理科に限定しました。導入の初期は，活用の事例をまねるだけでよいかもしれません。しかし，学習効果を高めるためには，学習のねらいとクラウド活用の意義を十分に理解した上で授業を進めるべきでしょう（各教科の特性を生かしたクラウド活用の意義と方法についての解説は，算数p.14～20，理科p.64～69）。

　さて，現代社会は，IoTやビッグデータの活用，そこから生まれるAI技術など，STEM（Science, Technology, Engineering and Mathematics）の各領域を関連付けた学びが不可欠になります。STEM教育の基礎となることも意図して，算数や理科にテクノロジー（クラウド）を組み合わせています。一部は発展的なSTEM教育の事例も掲載しました（STEM教育と情報活用能力との関連はp.8～12）。

　本書を機に，クラウドを活用した次世代の学びが全国に広がることを楽しみにしています。

　2021年8月

久保田善彦

contents

■**注意事項及び免責事項**
- Chromebook, Google Workspace for Education, Google Jamboard,　Google スプレッドシート，Google スライド，Google ドキュメントは，Google LLC の商標または登録商標です。
- 商標は，項目内の初出では正式名称，2 番目以降の表示では略称を用いています。
　例）初出：Google スプレッドシート ／ 2 番目以降：スプレッドシート
- 本書で紹介する Google のサービス及びアプリは 2021 年 1 月時点での情報を基に機能や操作方法を解説しています。そのため，本書の発行後に各サービス等が変更された場合には，本書の記載通りに機能や操作が行えないことがあります。
- ハードウェアやソフトウェアの不具合に関する事項，インターネット環境の接続設定に関する事項，及び本書の運用に関わるサポートは行っておりません。
- 本書の運用により生じた直接的，または間接的な損害，障害，被害，その他いかなる事態についても弊社は一切の責任を負いかねます。あらかじめご了承ください。

GIGA スクール構想とクラウド活用

堀田龍也

1　はじめに

　「GIGA スクール構想」により，全国各地の小・中学校において，情報端末が児童生徒 1 人に 1 台届き，利用が始まっていることでしょう。整備は学校の設置者（教育委員会）によって行われ，調達や設定によっていつから利用可能になるかが異なっていたでしょう。教員研修等の準備が万端ですぐに取りかかれた学校もあれば，しばらくは静観を決め込んだ学校もあるかもしれません。

　いずれにしても当分は，この情報端末をどう活用していけばよいのかという模索の時期が続くことになるでしょう。特にはじめの段階では「こうやったらどう？」というようなアイデアや事例があると助かります。しかもできれば，その道の専門家が先んじて取り組んだものがよいでしょう。

　この書籍の意義はここにあります。算数と理科でクラウドを利用して実現可能となる，初心者向けのアイデア集なのです。でも，ここでまた不思議に思うかもしれません。なぜ算数と理科なのだろう？　なぜクラウドを利用するのだろう？

　前者の問いは，STEM 教育につながるものです。こちらは後ほど説明します。

　後者の問いへの解答は，「クラウドが社会のインフラになっているから」です。「令和の時代の日本型学校教育」のための環境として，2020 年度（令和 2 年度）までに総計 4,819 億円もの巨額の国家予算が投じられた「GIGA スクール構想」は，児童生徒が持つそれぞれの情報端末から，いつでもインターネットにアクセスして調べたり，クラウドを用いた学習活動を行ったりすることができるような学習環境を提供するというものです。これまでのパソコン教室の整備とは，考え方が決定的に異なります。

　すべての児童生徒に国費を使って情報端末を揃えるというのは，近年まれに見る大きな教育改革です。だからこそ「GIGA スクール構想」という政策に対して，ぜひその背景や趣旨，児童生徒に要求する能力や教師に期待する行動について，しっかりと理解しておくことが大切です。

2　子供たちが生きていく過酷な時代

　2020 年度から新しい学習指導要領が全面実施となりました。今回の学習指導要領は，先々の変化の激しい社会，価値観の多様化した社会，高度に情報化や国際化した社会において，人口減少の中でも持続可能な社会の実現を目指すことが強く意識されています。

　この人口減少社会の到来こそが，「GIGA スクール構想」の本質的な背景です。

　世界的には人口爆発による問題が懸念されています。特に発展途上国における人口の急激な増加は，食糧難を伴い，貧困が追い打ちをかけます。食糧生産には適した気候等の条件を無視できない

ため，どこでも可能というわけではなく，現在の農業や水産業をより効率よく生産性を上げること
が求められます。そこで例えば，農業に最新のテクノロジーを利用しようという動きが出てきま
す。品種改良による品質改善はこれまでも行われていましたが，さらに遺伝子操作によって過酷な
気候でも育つ品種が開発されています。クラウド上の地図データを利用し，センサーを搭載したド
ローンが十分に成長していない場所を特定し，そこに多めに農薬を散布するようなプログラムも開
発されています。衛生的に管理され，気象条件を最適に制御して生産性を上げる植物工場も今では
特に珍しいものではありません。農業のような第一次産業は，コンピュータなどの情報産業とは別
の産業と分類されてきましたが，これから先はすべての産業でデータ解析による合理的な生産が求
められるようになっています。これが STEM 教育の時代背景であり，算数や理科をしっかりと学
ぶ必要性となっているのです。

　人口爆発を迎えた世界と対照的に，日本では急速な少子高齢化による人口減少社会を迎えていま
す。少子高齢化そのものは，先進国では珍しくない傾向ではあるものの，それが世界でもっとも早
く訪れるのが我が国なのです。我が国の人口減少社会はすでに 2005 年頃から始まっています。基
礎自治体の合併が多く行われた「平成の大合併」のピークが 2005 年前後でした。これは人口減少
社会に備えるための政策でした。労働人口が激減するため税収が目減りすることから，公務員の数
を減らしつつ，小規模自治体の行政サービスの低下を防ごうとした政策だったのです。少子化によ
る学校の統廃合もその頃から盛んに行われました。

　このように，先進諸国でもっとも速く人口減少社会を迎える我が国では，今後，一人一人の生産
性を高めなければ社会を支えることができません。一人一人の生産性の向上には ICT の活用は不
可欠です。今では多くの情報がネット上に偏在しています。これらにアクセスし，無駄なく情報を
入手するスキルや，たくさんの情報を整理して意思決定に必要な情報としてまとめるスキル，様々
な立場の人と必要に応じて役割を分担しながら協働で問題解決をするためにクラウド等を用いてス
ピーディーに対応するスキルなどが求められており，ICT 活用は前提となっています。このような
能力を政策用語では「情報活用能力」と呼んでいます。

　ICT 活用による生産性の向上のためには，学校教育の段階から，常に ICT を道具として活用しな
がら学ぶ経験を積み重ね，ICT には何ができるのか，どのように活用することが便利なのか，逆に
ICT に任せることが難しいことは何なのかなどについて体感的に学ぶことが必要です。今期の学習
指導要領において，「情報活用能力」が明確に位置付けられることになったのは，このような未来
像から導出されたことなのです。

③ テクノロジーと共存する時代

　支える人材が減っているのですから，従来のサービスレベルを保証するためには，テクノロジー
による代行を積極的に取り入れる必要が生じます。これまでの仕事の仕方と同じでは立ちゆかなく
なり，社会の形も変化します。私たち大人が生きてきた時代とは確実に異なっていきます。

　ロボットや AI の実用化によって，現存する多くの職業が単純労働を中心に大きな影響を受ける
と言われています。その結果，労働者に求められる能力に変化が生じます。具体的には，定型化で

きる業務，手順が明確な業務の多くは AI やロボットがこなすようになっていきます。実際，お掃除ロボットはかなりの普及率となっています。言語は多様であるため難しいと言われていた翻訳は，今ではかなりの精度で AI が対応できています。アレクサ（Amazon）や Google アシスタント（Google），Siri（Apple）など，音声で命令できる AI スピーカーも実用化されています。これらのテクノロジーがまもなくビジネスに参入してくるというわけです。定型的な業務はテクノロジーが代行するとなると，人間の仕事は創造性や協調性が必要な業務や非定型な業務になります。人手不足とテクノロジーの発達を前提として，就労構造も大きく変化すると予想されています。

　学校という機関，教員という職種も，これまでの業務内容，仕事の仕方を変えざるを得なくなるでしょう。学校は社会の変化に対してすでに対応しなければならなかったのに，業務で ICT やクラウドを用いることもあまりなされず，かつての仕事の仕方を今でも継承してしまっているのが現状です。その結果，児童生徒数の減少に合わせて目減りする教員数で，多様化する児童生徒や家庭に対応しようとし，しかし世間的には常識化している ICT やクラウドは使えないまま，多忙化だけがどんどんエスカレートし，とうとう「学校現場はブラックだ」と言われてしまうようになりました。新型コロナ感染症の拡大による学校の臨時休業では，多くの家庭が要望したオンラインでの学習支援すら実施できず，結果として学校の情報化の遅延が世間に露呈されてしまいました。クラウドの活用やオンラインでの学習支援は，国が推奨しているにもかかわらず，各自治体ではそれに応じた学習環境を整備できていなかったことが可視化されたのです。

　令和 3 年 4 月 22 日の中央教育審議会の答申「『令和の日本型学校教育』の構築を目指して〜全ての子供たちの可能性を引き出す，個別最適な学びと，協働的な学びの実現〜（答申）」（中教審第 228 号）には，以下のような記述があります。

---------- *ICT が必要不可欠なツールであるということは，社会構造の変化に対応した教育の質の向上という文脈に位置付けられる。すなわち，子供たちの多様化が進む中で，個別最適な学びを実現する必要があること，情報化が加速度的に進む Society5.0 時代に向けて，情報活用能力など学習の基盤となる資質・能力を育む必要があること，少子高齢化，人口減少という我が国の人口構造の変化の中で，地理的要因や地域事情にかかわらず学校教育の質を保障すること，災害や感染症等の発生などの緊急時にも教育活動の継続を可能とすること，教師の長時間勤務を解消し学校の働き方改革を実現することなど，これら全ての課題に対し，ICT の活用は極めて大きな役割を果たし得るものである。*

④ 「令和の時代の学校教育」と「GIGA スクール構想」

　学校教育の役割は，社会で必要になる知識・技能を，多様な集団の中で発達段階にあわせながら身に付けさせることです。社会が大きく変わっていくのであるから，学校教育は当然変わるべき段階にあります。中央教育審議会は「令和の日本型学校教育」という言い回しを用いています。

　これからの人材は，自己の関心と持ち合わせたスキルとの差分を常に意識するために，自分の学び方の特性を認知する必要があります。目標に向かって学び続けることが求められ，学び方のスキ

ルが不可欠になります。学習指導要領ではこれを「学びに向かう力」と呼んでいます。知らなければならない知識，会得しなければならない技能は，自分のペースで確実に学び取っていくこと，一人で学ぶだけでなく，対話の中から感化され，受けた影響を基に自覚的に理解を更新すること。学習指導要領ではこれを「深い学び」と呼んでいます。作業を協働で行うスキルを身に付け，社会を見つめ，問題を発見し，解決し，生活や社会を改善していくマインドを備えることが求められます。対話的な学びや協働的な学びと言われるのはこのことです。

　このような資質・能力を身に付けることが求められる学校ですから，これから行うべき授業の形態は考え直すべきタイミングにあります。学ぶ道具として情報端末を用い，情報活用能力を高め，それを発揮しながら各教科の学習を深めていくような学習活動が期待されます。押し寄せる多様な問題を解決できる能力の育成を目指して，毎時間の授業を問題の設定と解決と捉える目線を育て，情報端末を用いて多様なリソースにあたり，友達と対話・協働しながら学ぶ経験をさせ，自己の知識・技能の更新を意識させることが求められていきます。これらは，いずれ変化の早い社会に出て行くすべての児童生徒に対して必要な経験なのです。そして「GIGA スクール構想」は，そのための環境整備なのです。

　「GIGA スクール構想」は，技術の発達を前提にしています。それはクラウドの発達による一般化，そして行政機関の「クラウド・バイ・デフォルト」への移行です。学校も行政機関の一部ですから，この原則が適用されます。

　「クラウド・バイ・デフォルト」とは，各省庁等で情報システムの構築を実施する際にクラウドサービスの利用を前提とするという方針のことです。なぜなら，クラウドサービスではサーバー等の物品の調達が不要で，サーバー内のデータを安全に守る機能をはじめとする様々な機能が最初から搭載されており，導入がスムーズです。自分の学校や自治体のみならず，多くのユーザーが共有して利用するため，1 組織あたりが低廉になり，コスト削減につながります。なにより，自前でサーバー等を構築し保持するような方法では，保守管理ができる専門の技術者を継続的に雇用することになり，コストや人材が必要となります。各組織でできるセキュリティ対策には限界がありますが，多くのクラウドサービスでは，セキュリティが常に守られる機能が標準で提供されています。

　学習活動へのクラウド活用によって，学習の過程で生じる様々な学習データが記録されることになります。例えばクラウド上のドリルを用いることで，学習履歴（スタディ・ログ）が蓄積され，児童生徒の学習理解に応じたペースで学習を進行することができ，教員はそれを把握して助言していくことができます。クラウド上のツールの利用によって，同じテンプレートから様々な学習成果物を作成していくことになり，児童生徒の興味・関心に応じた学習を実現することができます。生徒指導上のデータや，健康診断情報等を蓄積し，学習履歴と重ね合わせて分析していくことにより，児童生徒の不安や成長への影響，学力不振等を浮かび上がらせることもできます。何より，エビデンスによる指導を行うことができ，同時に教員の負担を軽減することが可能となるのです。

　このような教育は「データ駆動型の教育」と呼ばれます。Society5.0 時代に向けて世の中がデータ駆動のサービスに変化しているように，学校も教員の経験と勘だけではない指導が求められているのです。

STEM 教育と情報活用能力の育成

佐藤和紀

1 なぜ STEM 教育と情報活用能力の育成が必要か

　今，これまでにないほど日本は危機的な状況を迎えています。少子高齢化によって人口は減少の一途をたどり，労働人口も激減しています。今の子供たちが社会をリードしていく 2050 年には 1 億人を切り，高齢化率は約 40 ％となります。これからは限られた人口で持続可能な社会を実現していかなければなりません。そのためには今後，ICT で代替できる仕事は，急速に ICT へ任せるようになっていくことが予測されます。例えば一昔前，電車の切符は窓口や発券機で買っていましたが，今や IC カードが当たり前になりつつあります。新幹線は乗車直前にスマホで予約し，スマートウォッチで乗車する人も増えてきました。無人コンビニエンスストア，ドローン配達の実証なども行われています。このような変化は今後も止まることはありません。一方で現在，世界中で新型コロナウィルス感染症が蔓延しています。その対策としての休校措置に伴うオンライン授業の実施状況や，ワクチン接種の大幅な手続きの遅れ（諸外国と比較したとしても）によって，我が国は「デジタル敗戦国」とも呼ばれるようになりました。

　現在の課題を乗り越え，未来を生き抜いていくには，人間にしかできない仕事に就いて活躍できる力を育てる必要があります。例えば，まだ答えを見いだせていない社会問題に対し，多様な価値観や考え方をもった世界中の人々と協働して議論し，解決策を生み出していく力が求められます。人間関係を築く力を学校で育み，日本の未来の問題を解決し，現在の社会システムを維持・向上させていける人材を育成することが学習指導要領の目的だと言えます。これから子供たちに何を残していくのか，STEM 教育や GIGA スクール構想を通して，このことが試されています。

　GIGA スクール構想は，新型コロナウィルス感染症対策のために，前倒しとなり，令和 2 年度末までに全ての子供たちに情報端末が整備されることとなりました。このことで GIGA スクール構想は「オンライン授業へ対応するもの」という勘違いを生むことになり，情報端末が整備されたにもかかわらず，未だ箱からも出されていない状況の学校もあると聞きます。しかし，GIGA スクール構想の目的は児童生徒の情報活用能力の育成が中心であり，オンライン授業はその延長です。そして，1 人 1 台の情報端末が整備されたことで，教材等の過不足がなく STEM 教育を実施できる環境が整ったことを意味しています。

2 STEM 教育とは

　「STEM 教育」は「ステム教育」と読み，「Science, Technology, Engineering, Mathematics 等の各教科での学習を実社会での課題発見・解決に生かしていくための教科横断的な教育」とされて

います（教育再生実行会議）。STEMはSTEAM（スティーム）と示されることもあります。また，東京学芸大こども未来研究所は，「Science：実験・観察をもとに法則性を見いだす」「Technology：最適な条件・しくみを見いだす」「Mathematics：数量を論理的に表したり使いこなしたりする」としていて，それらを生かして「Engineering：よりよい生活や社会になるよう，しくみをデザインし問題を解決する」という「S」「T」「E」「M」それぞれの関係を示しています。それぞれの見方・考え方を発揮しながら，世の中の諸問題に対応していく力のことを指します。

　「Art」は，芸術という意味をもつ場合もありますが，「Liberal Arts（教養）」を指すこともあります。科学，数学，工学といった言葉からは，理系の雰囲気を感じるかもしれませんが，その限りではありません。総合的な学習の時間における「探究的な学習」や，問題解決の学習過程ともよくなじむ考え方です。

③ STEM教育を意識して1人1台の情報端末を活用する

　「探究的な学習の過程」の，「課題の設定」「情報の収集」「整理・分析」「まとめ・表現」に沿って考えてみましょう。「情報の収集」ではインターネット検索など，「整理・分析」では表計算ツールなど，「まとめ・表現」ではプレゼンツールなどが，相性がよいでしょう。もちろん，プログラミングも有効なツールになります。「まとめ・表現」では，問題を解決するようなプログラムが有効になることも考えられます。

課題の設定	実社会の問題状況に関わる課題、進路や教科等、横断的な課題などを設定
情報の収集	文献検索、ネット検索、インタビュー、アンケート、実験、フィールドワーク等
整理・分析	統計による分析、思考ツール、テキストマイニング等で分析
まとめ・表現	論文作成、プレゼンテーション、ポスターセッション、提言等で発信

　「情報の収集」に役立つシミュレーションを行うプログラムを自作したり，「整理・分析」に役立つ計算用のプログラムを自作したりする例が，小学校段階から見られます（佐藤ほか 2017）。この授業では，実物の振り子を使った実験・観察に加えて，振り子の長さ，重さ，開始角度を入力すると，その通りに振り子が動くシミュレータを児童が作成し，振り子の運動の規則性を確かめていました。例えば，「長さ100 mの場合」や「重さ100 kgの場合」を確かめられる実験装置は学校にはありません。そうした問題を，プログラミングによって解決し，実物の実験装置では得られない情報を収集できた事例でしょう。プログラミングは学習の対象でもありますが，習得すると，この事例のように学習の道具として役立てられるようになります。扱っている内容はScienceですが，この活用方法は，TechnologyやEngineeringの視点です。

シミュレーションの結果は，表計算ツールで整理されました。グループで行われたこの活動では，1台をプログラミングによるシミュレーション用に，1台を表計算ツールでの記録用に，1台をストップウォッチ用に，というように，1人1台の環境を，3人で3台使える環境と捉え，柔軟に活用していました。

表計算ツールに入力されたデータは，関数を使えばすぐに平均値などを算出することができます。また，クラウドで共有され，どのグループからでも結果を参照できますし，他のグループの結果を参考にして，実験方法を見直して改めて実験することも考えられます。計算の方法や考え方自体は Mathematics で学習済みで，それを学習に生かす際に，1人1台の環境を活用しています。

4 情報活用能力とは

平成 29 年告示の学習指導要領では，言語能力や問題発見・解決能力と並び，情報活用能力が学習の基盤となる資質・能力と定められています。プログラミング教育も，この情報活用能力の一部として位置付けられているので，STEM 教育とも関連が深いことがわかります。とはいえ，情報活用能力が身に付いていなければ，子供たちは ICT を学習の道具として上手に活用することはできませんし，上手に STEM 教育も進めていくことも難しくなります。ICT と情報活用能力はセットで考え，共に育成していく必要があります。そのためにまずは，学習者用コンピュータなどの ICT を操作する力をしっかり鍛えていくことも重要です。

キーボード入力は必要な操作スキルの代表ですが，2015 年に国が実施した情報活用能力調査によれば，小学校 5 年生の子供たちはキーボード入力で 1 分間に約 6 文字しか入力できませんでした。中学校 2 年生でも約 17 文字でした。これでは，いくらよい考えや文章が頭に浮かんでも表現することができず伝えることもできません。子供たちが ICT を活用した授業では，キーボード入力の遅さが授業を停滞させ，貴重な時間を失う事態となっています。キーボード入力を学ぶ時間を確保し，繰り返し練習し，授業に支障のないレベルのスキルを身に付ける必要があります。

キーボードのみならず，表計算も重要です。情報を整理することはもちろん，簡単な計算式や関数を使った計算ができることで STEM 教育にぐっと近付きます。SUM，AVG 程度の基本的な関数であればすぐに理解できますし，理解した途端に算数や理科，アンケート調査の結果などで多用するようになっていきます。

一方，ICT の「操作スキル」を身に付けるだけでは不十分です。ICT を学習の道具として使えるようになるには「情報を適切に扱う力」も同時に身に付ける必要があります。例えば，必要な情報

をネット上で探し出す力，多くの情報を収集して，整理し，分析し，批判する力，プレゼンテーションソフトなどを使って自分の考えを表現する力などが挙げられます。これらの力を「情報活用能力」と呼びます。

　私たち大人は，この情報活用能力を駆使して日々仕事をしています。インターネットから必要な情報を収集し，情報を整理して分析したり，ネットワーク上でファイルを共有して議論したり，文書やプレゼンテーションでまとめたり発表したりします。

　子供も大人と同じで，情報活用能力があれば学習がはかどります。しかし，情報活用能力がないと学習が遅延します。何をどう調べ，整理すればいいのかわからないため，学習効果も上がらず，自ら学ぶことに苦労することになるのです。だからこそ，教員は責任をもって，子供たちの情報活用能力を育んでいくことが求められています。

5　1人1台の端末を活用して情報活用能力を育成する

　「課題の設定」「情報の収集」「整理・分析」「まとめ・表現」の学習過程に沿って，6年理科「てこの働き」の実践を紹介します（静岡市立南部小学校 浅井公太教諭）。

「課題の設定」

　教師から提示された道具の支点，力点，作用点の位置関係を学級全体で確認した後に，教師が提示した道具の他にどのような物があるか，グループで予想を話し合います。

「情報の収集」

　身の回りのてこのはたらきを利用した道具をChromebookのカメラを使って撮影し，Googleスライドに挿入します。身の回りの道具が見つかった分だけ，スライドをコピーして増やしていきます。学校生活に使わないものが予想で出てきた場合は，スライドの「ウェブを検索」を使い，画像を挿入するグループもありました。

「整理・分析」

　撮影した道具の支点，力点，作用点の位置関係を考えながら，道具の役立ち方が変わることを話し合います。スライドに挿入した写真を再度コピーして，画像のように，力が強く働くものと力が小さく働くものに分けて，まとめのスライドを作成するグループもありました。

「まとめ・表現」

　教師は，各グループのスライドを大型提示装置で提示し，学習をまとめます。各グループでそれぞれ共有設定をさせる場合は，担任も招待して共有設定をすることをルールとします。そうすることで，各グループの進捗状況が確認できたり，コメント機能を使って指示を出せたりします。

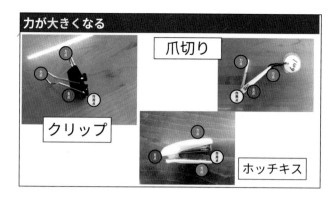

　この授業で扱っている内容は Science ですが，方法には ICT やクラウドが多用され，Technology や Engineering の視点で取り組まれています。このクラスでは，毎日の隙間の時間を使ってキータイピングに取り組んできているため，子供たちの ICT スキルは十分に身に付いています。そのため，先生が子供に ICT の指示なく，授業を進めていくことができることもポイントの１つだと言えます。

　「情報の収集」では，カメラで撮影をしています。ここでは，どのように撮影すれば伝わりやすいか，と考えることが情報活用能力の育成につながります。写真がうまく撮影できなければ伝わりません。スライドをコピーする ICT スキルも情報活用能力です。

　「整理・分析」では，スライドを作成する際に，どのように情報を構成すれば意図が伝わるか，と考えることが重要です。赤，青，黄，と色分けできるスキルも必要でしょう。

　「まとめ・表現」では，大型提示装置で大きく示して発表する際に，指さしして示したりすることが，情報を上手に表現するスキルになります。発表を聞きながらクラウド上でコメントし合うスキルも情報活用能力です。

6　まとめとして

　このように，STEM 教育と情報活用能力の育成では，まずは学習過程を意識すること，内容と方法に「Science，Technology，Engineering，Mathematics」の要素をうまく組み合わせていくこと，その中で情報端末を上手に活用していくことに留意しながら，実践に取り組んでいく必要がありそうです。しかし，すぐにすべてを組み合わせることはなかなか難しいことです。まずは１つずつ要素を取り込みながら実践してみましょう。

参考文献

教育再生実行会議：技術の進展に応じた教育の革新，新時代に対応した高等学校改革について（第十一次提言）

東京学芸大こども未来研究所　https://codomode.org/

佐藤和紀，荒木貴之，板垣翔大，齋藤玲，堀田龍也：小学校理科におけるプログラミング教育の効果の分析 – 第５学年「ふりこのきまり」を事例として –，日本教育工学会研究報告集 JSET17-4，pp.115-120（2017）

算数の学びを深めるクラウド活用

| 課題の提示 フラッシュカードやアニメーションで表示することによって，正確な課題把握を図る。 | 1年 | 10 までのかず | □ スライド |
| | 4年 | ともなって変わる量 | |

課題の習熟 計算などの反復学習に活用することによって，児童の集中力を高め，習熟を図る。	1年	あわせていくつふえるといくつ	Jamboard
	2年	かけ算	□ スライド
	3・4年	大きな数	Jamboard
	6年	対称	⊞ スプレッドシート
	3年	3 けたの筆算のしかたを考えよう	

データの処理 データを表やグラフなど様々な形に加工することによって，データの特徴や傾向を読み解く力を育てる。	2年	ひょうとグラフ	Jamboard
	4年	折れ線グラフ	⊞ スプレッドシート
	4年	ともなって変わる量	
	6年	比例と反比例	
	6年	資料の整理	□ スライド ▤ フォーム

| 生活と算数 身の回りの生活と算数を結び付けることによって，算数の学習を日常生活で活用できる力を育てる。 | 2年 | 長さ | ⊞ スプレッドシート |
| | 3年 | 重さ | □ スライド |

| データの分類 複数のデータを分類・整理することによって，学習内容への理解を図る。 | 4年 | 垂直・平行と四角形 | Jamboard |

考え方の共有 児童から出てきた多様な考え方を学級で共有し，それぞれの考え方の相違点などを話し合うことによって，深い学びを図る。	1年	20 よりおおきいかずをかぞえよう	Jamboard
	1年	いくつあるかな	□ スライド
	2年	2 けたのたし算	Jamboard
	4年	角	
	4年	面積	□ スライド
	6年	資料の整理	□ スライド ▤ フォーム

| 学習内容の蓄積 既習事項に新しい学習内容を加えてアップデートしていくことで，学習内容の系統性への理解を図る。 | 5年 | 図形の面積 | ⊞ スプレッドシート |

算数におけるクラウド活用の意義と方法

　平成29年告示の小学校学習指導要領解説算数編には，「算数科の指導においては，コンピュータや電卓などを用いて，データなどの情報を処理したり分類整理したり，表やグラフを用いて表現したり，図形を動的に変化させたり，数理的な実験をしたりするなど，それらがもつ機能を効果的に活用することによって，数量や図形についての感覚を豊かにしたり，表現する力を高めたりするような指導の工夫が考えられる」と示されています。

　問題解決の場面では，児童一人一人が自分でデータを集め，それを整理し，グラフなどに加工するなどの活動が重要となってきます。1人1台環境となったことにより，日常的にコンピュータを使った様々な学習活動が可能になりました。

　しかし，具体的にはどんな使い方をすればよいかわからないという先生方も多いのではないでしょうか。

　本書では，算数の学習活動で利用できる様々なテンプレートを用意しました。授業の様子も説明していますので，実際のイメージも浮かびやすいのではないかと思います。学年や単元を変えても使えるものもありますので，いろいろな学習場面で活用してみましょう。

１　わかりやすく課題を提示する（教師）

　児童に課題をわかりやすく提示することは，導入時にはとても重要です。

　学習指導要領の内容の取扱いについての配慮事項として，「具体物，図，言葉，数，式，表，グラフなどを用いて考えたり，説明したり，…」とあるように，授業では様々な情報が提示されることになります。特に低学年では，この様々な情報をわかりやすく提示し，それぞれが結び付けられるように指導する必要があります。

　また，授業では，教師から提示された最初の課題を基に，様々な解決方法を考え，クラスで共有して，自分の考えをさらに深めていくという流れが多く見られます。できる限りわかりやすく課題の内容を把握させることによって，より多くの児童が自分で解決できると同時に，より多様な考え方がでてくるような提示方法が必要です。

■フラッシュカードの利用【スライド】

　Google スライド を利用して，フラッシュカードのように課題を提示します。1つのスライドを複数コピーして一部を修正することで，簡単に多くのパターンを作成することができます。

　また，算数の学習では，以下のように動的なイメージをもたせることが有効な学習内容があります。

・図形の移動や拡大・縮小などの基礎的な学習内容

・図形と関数の融合などの発展的な学習内容

　発展的な学習内容では，問題場面をアニメーションで提示することにより，児童が課題を正確に把握することができます。これにより，問題解決への見通しがもちやすくなるでしょう。

　Web 上に様々なデジタル教材が公開されていますが，自分の授業にワンポイントで利用したいとき，**スライド** を使うと自作のアニメーション教材を作成することができます。基本となる図形を作成し，コピーしては少しずつ移動や変形をさせることで，パラパラ漫画のように動かすことができます。

学年	単元	活用法	テンプレート
1年	10 までのかず	1 〜 10 の数を示す画像が挿入された 10 枚のスライドです。電子黒板などに大きく提示したり，児童一人一人が数を数える練習に活用したりできます。	
4年	ともなって変わる量	正方形が階段状に増えていく様子を提示し，段数が増えると正方形の周りの長さがどのように増えるかを考えます。スライドを使って，図が変化する様子を可視化させます。	

2　教師の提示や児童が課題を解決することで習熟を図る（教師・児童）

　知識及び技能の習得は，すべての学習活動における基礎となりますので，しっかりと身に付けさせたいものです。特に，計算の学習では，様々な出題パターンがあり，それに伴って児童のつまずきも多様です。しかし，ドリルなどの反復学習は，同じようなことが繰り返されることで集中力が途切れがちです。

　AI（人工知能）などの高度なシステムを利用することはできなくても，**Google スプレッドシート** や **スライド** を使うことによって，様々なレベルに応じた学習内容を準備することが比較的容易にできるようになります。

　スプレッドシート で乱数を用いて問題を作成したり，プログラミングが得意な先生であれば Google App Script を使って課題の作成を自動化したりすることもできます。同じような学習内容であっても，目先を変えることで児童が集中して学習に取り組むことが期待されます。

　教材を教師が作成し，提示することで習熟を図ることもできますが，児童のスキルが向上すれば自分たちでプリントを作成して，お互いに解き合うなどの学習活動も行うこともできるでしょう。

(1) フラッシュカードの利用【 スライド 】

　問題→答えの順にスライドを作成します。作成したスライドの順番を変えて表示することで，繰り返し練習することができ，知識及び技能の習得に活用できます。

(2) 問題の提示と解き方の記録【 Jamboard・スライド 】

　Google Jamboard や **スライド** に問題を作成し，直接，児童に問題を解かせます。教材

の配付や学習状況の把握が容易にできます。

（3）ワークシートの利用【 スプレッドシート 】

同じパターンで数値が異なる計算練習を行うことが多くあります。このような場合，スプレッドシート で乱数を用いてワークシートを作成すると，様々な数値の問題を簡単に作成することができます。また，数式を用いると，問題だけでなく，解答も同時に作成できます。

学年	単元	活用法	テンプレート
1年	あわせていくつ ふえるといくつ	計算ピラミッドを解き，図やフローチャートを使って解き方を整理します。たし算やひき算などの計算練習の習熟に使います。	
2年	かけ算	2の段の九九を順番に表示して暗唱することができます。教師が一斉提示するほか，個人練習にも活用できます。スライドの順番を変えることで習熟を図ります。	
3年	3けたの筆算のしかたを考えよう	スプレッドシートを使った計算プリントです。計算機能を使って，問題を変更したり，答えを表示したりできます。印刷して使用します。	
3・4年	大きな数	数字カードを使って，整数を10倍，100倍，10分の1にする活動を通して，位が上がる・位が下がる感覚を身に付けます。	
6年	対称	スプレッドシートのセルを塗りつぶして，線対称な図形を作成します。マウスのクリックあるいはタップだけの簡単な操作で，たくさんの図形を描くことができます。	

③ データの処理を簡便に効率よく行う（児童）

学習指導要領の内容の取扱いについての配慮事項として，「数量や図形についての感覚を豊かにしたり，表やグラフを用いて表現する力を高めたりするなどのため，必要な場面においてコンピュータなどを適切に活用すること」と示されています。

今回の改訂では，特に「データの活用」という領域が新設され，表やグラフなどを活用した学習活動が重視されています。基本的な知識・技能として，簡単な表やグラフを作成できることは大切ですが，むしろ必要に応じて適切な表やグラフを選択し作成して，そこからデータの特徴や傾向を読み解くことがとても重要です。

今までは手作業で表やグラフを作成していたため，知識及び技能の習得に多くの時間がとられてしまい，データの特徴や傾向を考えるなどの思考力の育成に十分な時間をかけることが難しいという現状がありました。大量のデータを素早く加工できるコンピュータを用いることで，多様な方法で表現することができ，それらをクラスで共有することによって，適切な表現方法を考えたり，データの特徴や傾向を考えたりする学習活動が展開しやすくなります。

■表やグラフの作成【 Jamboard・スライド・スプレッドシート 】

低学年では，絵グラフ，中学年では棒グラフ，折れ線グラフ，高学年では円グラフなど，様々なグラフを作成する学習活動があります。

絵グラフを作成する際には， Jamboard や スライド が適しています。このときのポイントは，目盛り枠の画像を背景に設定することです。目盛り枠の上に絵を配置していきますが，目盛り枠が背景に設定されていることで目盛り枠が移動せず，配置する絵の操作に集中することができます。

スプレッドシート では，棒グラフや折れ線グラフ，円グラフなど様々なグラフを簡単に表示することができます。目盛り値などの設定は，最初は スプレッドシート の初期値を利用し，目的に応じた表現を考えさせる中で段階的に設定変更の指導を行いましょう。

学年	単元	活用法	テンプレート
2年	ひょうとグラフ	児童に聞いた育てたい野菜を野菜ごとにグラフにする活動です。実際に生活科などで育てたい野菜のデータを使ってよいし，教師が仮のデータを与えてもよいでしょう。	
4年	折れ線グラフ	2つの都市の気温についての折れ線グラフを作成し，変化の特徴を読みとる活動を行います。児童が選んだ都市のデータをグラフにして，比較することもできます。	
4年	ともなって変わる量	正方形が階段状に増えていく様子を提示し，段数が増えると正方形の周りの長さがどのように増えるかを考えます。スプレッドシートを使って，周りの長さを表やグラフに整理し，きまりを見つけます。	
6年	比例と反比例	おもりの数とばねの伸びの実験データからグラフを作成する活動です。スプレッドシートを使って，他のグループのグラフも参照することができます。	
6年	資料の整理	グループでテーマを決めて，データを収集し，特徴を整理する活動です。スライドを使ってテーマ，設定の理由，分析結果をまとめます。データの収集にはフォームを，データの整理にはスプレッドシートを活用することもできます。	

4 身の回りの生活と算数を結び付ける（児童）

算数科の目標として，「日常の事象を数理的に捉え見通しをもち筋道を立てて考察する力，…を養う」とあるように，児童が普段の自分の生活と学習内容を結び付けられるようにすることが重要

です。学んだことがこんなことに利用できる，あんなことに使われていると気が付くことが，学習意欲の向上にもつながるでしょう。

特に，日常と結び付けて指導したい学習内容が，「測定」領域です。様々な具体物の測定を通して，長さ１m，かさ１L，重さ１kg などの量感覚を身に付けさせるような学習活動を行うとよいでしょう。

■情報の記録・整理【カメラ・スプレッドシート】

コンピュータのカメラ機能を使うことによって，測定したものや測定結果を画像として記録することができます。１Lを「ペットボトル」と文字で記録するよりも，具体物との結び付きが強くなります。

家に持ち帰ったコンピュータを使い，家庭にあるものを記録することもできるため，多くの具体物を集めることも可能となります。記録した画像をクラスで共有したり， スプレッドシート に記録したりすることで，大きなデータベースが作成され，学習内容についての理解が深まることにつながります。

学年	単元	活用法	
2年	長さ	グループで身の回りのものの長さを測り，スプレッドシートに入力してクラスで共有します。１シートで全グループの記録を見ることができるので，他のグループの記録と比較しながら，学習を進めることができます。	
3年	重さ	身の回りのものを集めて１kg を作り，カメラで記録します。画像を貼り付けた横に気が付いたことや活動の振り返りを記録することができます。	

5　様々なデータを分類，整理する（児童）

複数のデータの相違点に着目して，それらのデータを分類，整理することで，既習の学習内容を新しく捉え直すことができます。例えば，図形を構成する要素に着目して，図形の性質を見いだし，その性質を基に分類，整理することを通して，図形に対する理解をより一層深めることができます。

このように様々なデータを分類，整理する学習では，今までのアナログ教材では児童一人一人に教材を準備するのが大変でした。コンピュータであれば，元となるデジタルデータを教師が作成すれば，人数分のデータを簡単にコピーし配付することができます。

また，デジタルデータはノートに貼ったり剝がしたりという作業がないので，分類，整理するという学習活動に集中することができます。児童が分類，整理したものを共有し，さらに，それらを考え方ごとに分類，整理する学習を行うことによって，すべての児童の考えが生かされる学習活動が展開できます。

■仲間分け【Jamboard・スライド】

仲間分けの学習活動では，教師が事前に準備したデータや児童が自分で集めたデータを使って，自分の観点で分類・整理することができます。

このような学習を始めて行う場合やいくつに分けるか，どう分けるかなどを指定する場合には，分けるエリアをあらかじめ背景に設定すると作業が行いやすくなります。様々な分け方を考えさせたい場合には，自由に分類・整理させるとよいでしょう。

フリーハンドで線が書きやすい **Jamboard** が，低学年には利用しやすいです。

学年	単元	活用法	
4年	垂直・平行と四角形	いろいろな四角形を特徴に基づいて分類します。あらかじめ与えられた図形を分類するだけでなく，身の回りの四角形のものをカメラで撮影し分類する活動にも広げることができます。	

6 多様な考え方を共有する（児童）

算数では答えは１つですが，その答えに至る考え方は多種多様です。算数の面白さは，この考え方の多様さにあるといっても過言ではありません。導入の段階で，いかにして今までの既習事項を用いて多くの考え方が出てくるか，あるいは，新しい発想が出てくるかを考えて，最初の課題設定を考えている先生方も多いのではないかと思います。

しかし，その多様な考え方をいかにして出させるかと同様に，出された多様な考えをどうやってクラスで共有し，深い学びにつなげていくかが難しい点でもあります。ベテラン教師であっても，短い時間の机間指導ですべての児童のノートを見て，それぞれの解き方を把握するのは至難の業です。

コンピュータで，児童全員の解く過程を共有し，教師が多様な考え方を把握することで，その後の授業の流れを修正することができます。それぞれの考え方の相違点などを話し合うことで，児童一人一人の考え方が生かされる場面が増え，主体的な学びとなるとともに，対話的で深い学びが実現できます。

■解き方・考え方の表現【Jamboard・スライド・スプレッドシート】

学習課題によって，様々なツールの活用が可能です。**Jamboard** であれば，問題として示された図に，児童が自分で新たな線や言葉を書き加えて，考え方を説明します。この場合も，背景に問題の図を設定すると，児童が情報を書き加えやすくなります。

児童のスキルが高まれば，**スプレッドシート** で作成したグラフを **スライド** に貼り付けて，説明を書くなど，複数のツールを組み合わせることもできます。

学年	単元	活用法	
1年	20よりおおきいかずをかぞえよう	たくさんのトマトを上手に数える方法を考えます。様々なまとまりに着目した考え方とそのよいところなどをクラスで発表します。	
1年	いくつあるかな	朝顔の咲いた数を数えて，絵グラフを作成します。Scratchのプログラムを使って，朝顔の花をランダムに咲かせます。	
2年	2けたのたし算	青と赤のおはじきを動かして，（2位数）＋（2位数）の方法を考える活動です。おはじきを並べたり，線や文字を書き込んだりして，自分の考えを表現します。	

学年	単元	活用法	
4年	角	三角定規を組み合わせて，いろいろな角の大きさを作る学習です。三角定規の図をコピーして利用することで，たくさんの考え方を記録することができます。	
4年	面積	L字形の面積を求めます。問題の図形を色分けしたり，線や式を描きこんだりして，自分の考え方をわかりやすく説明します。	
6年	資料の整理	グループでテーマを決めて，データを収集し，特徴を整理する活動です。スライドを使ってテーマ，設定の理由，分析結果をまとめます。データの収集にはフォームを，データの整理にはスプレッドシートを活用することもできます。	

7 学習内容を蓄積，整理，統合する（児童）

　算数は，学習内容の系統性に留意しながら，児童の発達段階に応じて，指導を行っていく必要があります。教師が学習内容の系統性を考えるのはもちろんですが，最終的には児童自身が自分なりの学習内容の系統図をもつことができるように支援することが重要です。いわば，自分なりの算数データベースです。

　データの蓄積には，コンピュータの活用が有効です。ノートだけの学習の場合，既習事項に新しい学習内容を加筆して，アップデートすることは難しいですが，クラウドを利用すれば，その時々に応じて，古い内容を修正したり，新しいデータを書き加えたりすることが容易にできます。

　このような学習活動を各学年で定期的に行うことによって，児童は算数の学習内容がつながっているという実感をもつことができるでしょう。

■情報の記録・整理【ドキュメント・スプレッドシート・スライド】

　それぞれのツールの特徴から，自分がわかったことや疑問に思ったことなどを文章として蓄積するには Google ドキュメント ，数式やグラフなどを蓄積するには スプレッドシート ，1つの項目をカードとして整理するには スライド を利用するとよいでしょう。

　デジタルデータのよさは再加工が容易であることです。 スプレッドシート に記録したグラフを スライド で再利用するなど，使い方は無限です。

　1回の学習で終わりではなく，年間を通じて，あるいは進級しても継続的に記録し，アップデートしていくことが重要です。

学年	単元	活用法	
5年	図形の面積	基本的な図形の面積を求める学習で，スプレッドシートの数式を使います。今まで学習した様々な公式のまとめの学習として活用することもできます。	

（中野博幸）

テンプレートの使い方

1 テンプレートのダウンロード方法

① 教師用端末のカメラや二次元コードリーダーで読み込みます。

・二次元コードは、「算数科（理科）におけるクラウド活用の意義と方法」や算数・理科の各事例に記載しています。

学年	単元	活用法	テンプレート
5年	電流が生み出す力	電池の数を変える実験のタブと巻き数を変える実験のタブがあります。実験をしながら情報を更新させましょう。全グループの情報から考察させます。グラフも自動で作成します。(p.82参照)	
		食塩やミョウバンを溶かす前と後の関係、溶ける量と水の量の関係、溶	

もののあたたまり方

・Chromebook の場合は、「カメラ」を起動し、右側のアイコンをクリックします。ウィンドウの中央を画面上の二次元コードに合わせます。

② 二次元コードが検出されると "「○○」のコピーを作成しますか？" と表示されます。［コピーを作成］をクリックしてください。

③ Google ドライブ に保存されます。保存されたテンプレートは自由に編集できます。

2 テンプレートの配信方法

児童にテンプレートを配信するには、 Google Classroom を使います。詳しい使い方は、 Classroom のヘルプ (https://support.google.com/edu/classroom#topic=10298088) をご覧ください。

（1）各自がファイルを編集する場合

① 課題の作成： Classroom で該当するクラスを指定します。［授業］ → ［＋ 作成］ → ［課題］ の順にクリックします。タイトルと説明を入力します。

② テンプレートの添付：［追加］ → ［Google ドライブ］ → ［（配信したいファイル）］の順にクリックします。添付ファイル横の下矢印をクリックし、［各生徒にコピーを作成］を選択します。

③ 配信：［配信の対象］等を確認し、［課題を作成 ］をクリックします。

（2）クラス全員が一つのファイルを編集する場合

・（1）と同じ方法ですが、「② テンプレートの添付」において、添付ファイル横の下矢印をクリックし、［生徒はファイルを編集可能］を選択します。

・クラス全員が同じファイルを編集することになるため、編集箇所を事前に決めておくとよいでしょう。

・グループの代表者のみと共同編集をする場合は、［配信の対象］を個別に設定します。

（3）グループごとにメンバーが一つのファイルを編集する場合

・あらかじめグループ数のテンプレートのコピーを作ります。ファイル名に番号を入れておくと区別しやすいでしょう。それぞれのファイルの共有設定で［このリンクを知っているこのグループのメンバー全員が編集できます］に設定し、すべてのリンクを Classroom の［ストリーム］や［資料］に投稿します。

・他のグループのリンクをクリックすれば、他のグループの様子を確認することもできます。

・（1）と同じ手順で配信し、グループの代表者のみが編集をする方法もあります。

10 までのかず

課題の提示

Google スライド

■ 単元のねらい

　10 までの数の数観念，読み方，書き方，数系列，大小を理解し，5 までの数の合成・分解ができる。ものの集まりを捉え，数を数え，数を表す考え方を身に付けることができる。10 までのものの個数を，数で表すよさを知り，進んで用いようとすることができる。

》 学習の進め方

　提示型のテンプレートとして使う場合は、授業の冒頭での前時の復習や終末での本時の復習・習熟に活用することができます。また、児童一人一人にテンプレートを配付する場合は、個別学習やペア学習に活用することができます。

》 テンプレートの解説

　テンプレートには，1 〜 10 の数を示す画像が挿入された 10 枚のスライドが含まれています。赤丸と白丸が合計 10 個あります。プレゼンテーションソフトなので，プロジェクターや電子黒板等で全画面表示して，教師がわかりやすく提示することに長けています。また，児童がプロジェクターや電子黒板の前でクラス全体に説明させる活動を行う際にも活用できます。

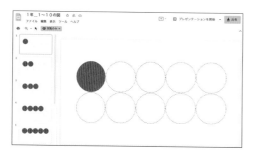

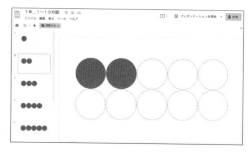

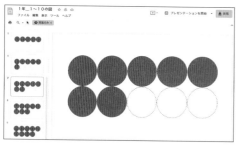

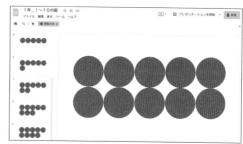

児童一人一人に配付することも可能です。児童に配付すれば，一緒に数を数える練習をしたり，数を選ぶ活動を行わせたりすることができます。児童に配付する場合，[Google Classroom] の［授業］→［課題］→［生徒はファイルを編集可能］で配付し，1 つのファイルに全員でアクセスして活用するとよいでしょう。

》テンプレート活用の様子

1. 教師が授業の冒頭で活用する場合

フラッシュ型教材として，リズムよく答えさせていきましょう。数の数え方の復習を行うだけでなく，児童を授業に集中させるという効果もあります。個数を数える練習として「赤い丸の数を数えましょう」「白い丸の数を数えましょう」などと問いかけ方を工夫するとよいでしょう。また，補数を意識できる図なので，足し算の学習や引き算の学習において習熟用の教材として活用することもできます。

2. 教師が授業の終末に活用する場合

本時で学習した数の復習や習熟に用いることができます。となり同士で説明し合わせるという活動では，ある児童に数字を選ばせ，教師が誤った数を選んで表示することで，児童が「違うよ」「あれは 5 だよ」「先生は白い丸の数を数えているよ」などと言語活動を促すことができます。

3. 児童自身がスライドを操作する場合

児童が新しい数を学ぶ際に，まず，数図ブロックで「5」を作り，次にスライドに示された「5」を探す活動が想定されます。また，10 までの数を学んだ後に，児童が学んだことを応用するために，「となりの子が言った数字をスライドで見せましょう」などと指示をして，数を探し，伝え合う活動も想定されます。

》他の単元や教科への応用

赤い丸と白い丸で補数も示しているため，たし算の学習やひき算の学習でも，常に手元に開かせておいて，困ったときのヒントとして活用することができます。

ここがポイント❗

- 算数科において，児童は具体物の操作を通して，数概念を獲得していきます。1 年生という発達段階では，机の上で具体物としての数図ブロックを操作することが難しい児童もいます。数図ブロックと本テンプレートのどちらのよさも意識しつつ，使い分けることが重要です。数図ブロックを操作する前段階として，あるいは，数図ブロックで学習した後に，少し抽象度を上げた図として活用することができます。
- 家庭で数図ブロックを毎回出すのは負担が大きいですが，このテンプレートであれば，家庭学習に活用することも簡単です。

（久川慶貴）

あわせていくつ
ふえるといくつ

Google Jamboard

■ 単元・本時のねらい

　加法及び減法が用いられる場面を式に表したり，式を読み取ったりすることを通して，数量の関係に着目し，計算の意味や計算の仕方を考えたり，日常生活に生かしたりするとともに，数や式に親しみ，算数で学んだことのよさや楽しさを感じながら学ぼうとする姿勢を身に付けることができる。本時では，問題を解き，答えを順序立てて説明することができる。

》 学習の進め方

　計算ピラミッドの基本的な解き方や，フローチャートを用いて物事を順序立てて整理することを習得したのちに実施することが望ましい。

① 学習課題を知る

　「どんなじゅんばんでけいさんピラミッドをといたのか，せつめいしよう」

② 計算ピラミッドを解き，解き方をフローチャートにまとめる　テンプレ

　自分が解いた順番が明確になるように，計算したブロックを色分けして囲み，番号を付ける。番号に従って，ピラミッドの解き方をフローチャートにまとめる。

③ 解いた計算ピラミッドの解き方を説明し合う　テンプレ

　Jamboard を見せ合い，どのような順序で計算ピラミッドを解いたか説明する。その際に自分の解き方と比較しながら聞き，違うところがないか確認する。

④ チャレンジ問題に挑戦する　テンプレ

　いくつかのレベルの練習問題を用意し，解けた児童から次のレベルに進むように指示することで，習熟度に応じた学習ができる。

》 テンプレートの解説

　テンプレートには，Jamboard の1つのフレームにピラミッドの画像とフローチャートをセットにしたものが用意されています。1枚目のフレームには2段のピラミッド，2枚目以降には3段以上のピラミッドが配置されています。

　児童の端末活用への慣れ具合に応じて，直接書き込ませる方法や，教師があらかじめ数字のカードをフレーム上に用意しておき，そのカードを動かす方法などが考えられます。問

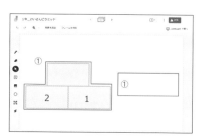

題は，Google Classroom で［授業］→［課題］→［各生徒にコピーを作成］で配付します。児童が自分の習熟度に応じて問題を選択できるように，フレームをコピーして問題を増やしたり，4段や5段のピラミッドの問題も複数作成したりするとよいでしょう。

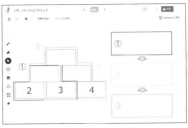

テンプレート活用の様子

　1枚目と2枚目のフレームには，あらかじめ計算の順序が示されているので，児童はその順序に従って問題を解き，フローチャートにまとめていきます。3枚目以降は計算の順序も自分で書き込むようになっています。このときに，解いた順にブロックを線で囲み，番号を付けることが大切です。そうすることで，解き方をフローチャートにまとめる際に順序立ててまとめることができるようになります。迷ったときには,前のフレームを確認して解こうとする姿が見られました。

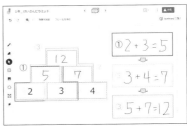

　早く解き終わった児童は，4枚目以降のフレームに用意された問題に取り組みます。この時間を使って，教師はつまず

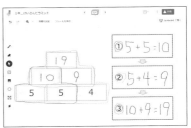

いている児童への個別の支援を行います。「まずどこから計算したの？」と問いかけ，その都度フローチャートに書き込ませながら，順序立ててまとめる手立てを具体的に指導します。

　児童同士で考えを説明させる際には，全体で同じ問題について説明させることで，自分の考え方と比べながら聞くことができます。異なる考え方に出会った際には，他の児童の考え方を確かめたり，同じ考えの児童に聞きに行ったりするように促します。教師が必要に応じて「○○さんも同じ考えみたいだよ。考え方を聞いてみたら？」などと支援することも必要です。

他の単元や教科への応用

　計算について学習する単元であれば，学年を問わず活用することができます。たし算だけでなく，ひき算，かけ算，わり算や，児童に問題を作成させる場面でも活用できます。

ここがポイント❗

- 習熟度別の問題を準備しようとすると，大量に印刷する必要があり，その紙を整理するだけでも大変でしたが，Classroom を使って課題を配付することで，児童は自分の席に座ったまま，自分に合った課題に次々と取り組むことができます。
- 紙で取り組んでいると，試行錯誤していくうちに紙が破れたり，消し跡が残ったりして思考を妨げることがありましたが，デジタル化することで簡単に何度でもやり直すことが可能です。

（大久保紀一朗）

いくつあるかな

Google スライド

■ 単元のねらい

　ものの個数について，簡単な絵や図などに表したり，それらを読み取ったりするとともに，データの個数に着目し，身の回りの事象の特徴を捉えることができる。数量の整理に親しみ，算数で学んだことのよさや楽しさを感じながら学ぼうとすることができる。

》 学習の進め方

① 課題を設定する　テンプレ

　本時の課題は，数を読み取り，絵グラフに整理することであることを伝え，本テンプレートを各自に配付する。Scratch で表示されるアサガオの数を数えて，グラフに整理していくことを伝える。

② 情報を収集する　テンプレ

　教師が全体の前で Scratch を操作する様子を見せた後に，各自取り組ませる。何度も取り組むことで，ランダムに数が出てくることに気付かせる。練習を繰り返したのち，5 回アサガオを咲かせて，その数をグラフに整理することを伝える。

③ 整理・分析する　テンプレ

　Scratch の操作によって出てきたアサガオの数を 2 枚目のスライドで絵グラフに写す様子を見せる。最初はペアで協力して移動させる練習をしてもよい。Scratch から数値を取り出して，絵グラフに表す。児童が整理する活動を終えたら，「増えているところはありますか？」「減っているところはありますか？」「変わらないところはありますか？」と問いかけ，交流させる。数人が全体に向けて発表し，それを真似して隣同士で気付いたことを伝え合う。

④ まとめる

　気付いたことについて交流した後に，グラフに表すと大きさがわかりやすくなること，増えたり減ったりする様子がわかりやすくなることを確認するとよい。

》 テンプレートの解説

　テンプレートには，2 枚のスライドが示されています。1 枚目には Scratch のリンクが貼られています。Scratch にアクセスすると「ねこをクリックしよう」という説明が出てきて，クリックすると，ねこが「きょうは　いくつ　さくかな」と言います。そのあとにアサガ

オの花が咲きます。2枚目のスライドには，出てきたアサガオの数を記録する絵グラフの枠が示されています。Scratchで数えたアサガオの数だけ，アサガオの画像を積み上げていくことができます（右図）。

Google Classroom で［授業］→［課題］→［各生徒にコピーを作成］で配付します。

テンプレート活用の様子

Scratchで咲いた花の数を何度も数えようとする様子から，楽しみながら数えることのトレーニングになっていることがわかりました。友達の絵グラフと比較して，「僕のは変わらない」「私は最後が一番多い」というように，気付きを言語化できる児童が多く見られました。

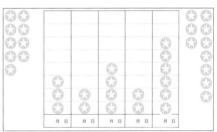

また，数を数えることだけでなく，数をわかりやすく示せることも実感させることができます。最初に，アサガオの数を言葉だけで伝え合わせることで，絵グラフがないと記憶しづらいことを実感させるとよいでしょう。

Scratchや スライド の操作がうまくいかない児童が出てくる可能性もあります。事前に数名の児童に操作方法を教えておくことで，困っている児童を助けてくれるでしょう。

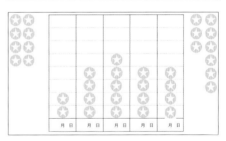

他の単元や教科への応用

数を数えて可視化するという活動は生活科でも数多く登場します。この単元で学習したことが，観察した実際の花や葉の数を記録する基礎になります。Scratchのプログラムを修正すれば，自動車の台数調べなどの学習（棒グラフ）にも応用できます。

ここがポイント❗

- 本来は児童が自分で調べた花の数を絵グラフにするのがよいのですが，算数の学習に花の咲く時期が一致しない可能性もあります。疑似的にScratchで朝顔を咲かせるプログラムを利用し，実際に数を数える体験を行うことができます。ランダムに花が咲くので，すべての児童が同じグラフにはなりません。その違いが興味・関心を高めることにもつながります。
- 生活科などの学習活動と結び付けて，実際のデータからグラフを作成することにつなげるとよいでしょう。

（久川慶貴）

20 よりおおきいかずを かぞえよう

考え方の共有

Google Jamboard

■ 単元のねらい

10 のまとまりに着目し，具体物を用いた数学的活動を通して，20 より大きな数の数え方について理解することができる。

》学習の進め方

① 課題を設定する 　テンプレ

教師がスクリーンや電子黒板に本テンプレートを提示し，本時は示されたトマトの数を数えることが目標であると伝える。児童は口々に「簡単じゃん」「26 個だ」などと数え始める。そこで，教師の方から「上手に数えることはできますか？」と投げかけ，ただ数えるだけでなく，これまでに学習した「まとまり」に着目して数える学習へと向かわせる。

② 情報を収集する（自分で数える）　テンプレ

各自でトマトの数を数える。どのように数えたのかを Jamboard に残すよう伝え，ここで Jamboard の描画機能をきちんと指導する。ペンの選び方，色の設定などを伝える。2 つずつ数える児童，5 つずつ数える児童，10 ずつ数える児童など，どの児童がどの数え方をしているかを机間指導で確認するようにする。

③ 整理・分析する 　テンプレ

「自分の数え方を隣の人に伝えましょう」「友達のお話を聞いた人は，なぜその数え方をしたの？と質問してみましょう」などと説明をして，数え方を伝え合わせる。その後，「友達の数え方で，いいなと思ったものを教えてください」と投げかけ，「まとまり」に着目して数えることができていた児童に，クラス全体に説明させるようにする。

④ まとめる

本時の学習をまとめる。20 より大きい数を数えるときには，いくつかの「まとまりを作って学習することがよい」という考え方をおさえる。2 つや 5 つずつ数えた児童も，10 のまとまりを作っていることになることを確認しておく。この後の単元の位取りや筆算等の学習で「10 のまとまり」はよく出てくるため，ここで押さえておく。

》テンプレートの解説

テンプレートには，26 個のトマトの絵が示されています。トマトの絵が画像として背景に設定されているパターンと，トマトの絵を動かせるパターンがあります。背景に設定されているパター

ンでは，トマトの画像を動かすことはできません。描画ツールで線を描き込み，トマトの数をどのように数えたのかを説明し合います。トマトの絵を動かせるパターンでは，線を書き込むだけでなく，わかりやすく並べる操作も行うことができます。授業のねらいや児童の実態に応じて使い分けるとよいでしょう。

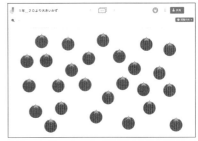

[Google Classroom] で［授業］→［課題］→［各生徒にコピーを作成］で配付します。

テンプレート活用の様子

本実践では，トマトの絵が背景に設定されているパターンを利用しました。児童からは様々な数え方が示されます。その際に「まとまり」という言葉が出るように，個別に声をかけます。2つずつ数えた児童は「大変だった」，10ずつ数えた児童は「途中でわからなくなった」などと述べました。5つずつ数えた児童が最も多く，数えやすいまとまりについて話し合う様子が見られました。

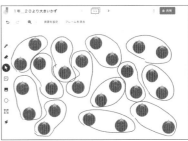

単に線を描画する活動に終始せず，描画したことから何が言えるのか，何がわかるのかを言語化する活動をセットにして考えることが重要です。また，言語活動の結果，自分の考えを再構成する場を保証することも大切です。

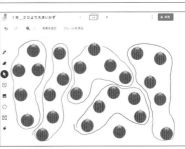

他の単元や教科への応用

[Jamboard] に描画する活動は，今後多くの教科や単元で必要になります。特に描画することは「分類する」学習活動と関わりがあります。生活科等では，発見したことを説明する際にも分類する活動が行われたり，中・高学年では，出し合ったアイデアを分類する際にまとまりを作ってラベリングしたりすることがあります。

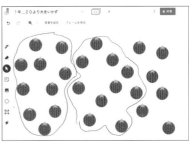

ここがポイント❗

・[Jamboard] はフリーハンドで線が描けるので，低学年の児童が紙に線を描くのと似た感覚で使うことができます。
・具体物を児童数だけ準備するのは大変ですが，デジタルデータであれば複製が簡単にできます。児童の理解度に合わせてトマトの数を増減することもできます。

（久川慶貴）

ひょうとグラフ

データの処理

Google Jamboard

■ 単元のねらい

身の回りにある数量を分類整理し，簡単な表やグラフを用いて表したり読み取ったりすることができる。データを整理する観点に着目し，身の回りの事象について表やグラフを用いて考察することができる。

》学習の進め方

実際に生活科などで育てたい野菜のデータを使うか，教師が仮のデータを与えてもよい。

① 育てたい野菜を選ぶ

② 学習課題を知る

「それぞれの野菜を選んだ人数を，わかりやすく整理しよう」

③ それぞれの野菜を選んだ人数を，表に書く

それぞれの野菜について，クラスの何人が選んだのかを数えて，表にまとめる。

④ それぞれの野菜を選んだ人数を，○を使ってグラフに表す 〔テンプレ〕

表の数を基に，○をグラフ内に移動させる。

⑤ 表やグラフからわかることを読み取る 〔テンプレ〕

⑥ 表やグラフに表すことのよさをまとめる

》テンプレートの解説

テンプレートの 〔Jamboard〕 には，背景にグラフとなる目盛り枠が設定されており，○の図だけを動かすことができるようになっています。また，付箋の機能を使うことで，気付いたことや読み取ったことを入力することができます。

テンプレートには，野菜の名前を変更できるもの，曜日ごとのグラフを作成できるものも用意しました。

配付の仕方については，個人で活動できるように，〔Google Classroom〕の［授業］→［課題］→［各生徒にコピーを作成］で配付します。

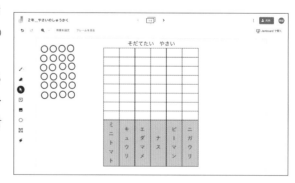

》テンプレート活用の様子

　まず，児童は用意されたテンプレートを開き，育てたい野菜について，選んだ人数をまとめた表を基に，○をグラフ内に移動します。グラフの目盛り枠は背景になっているので，○の操作が簡単で，ほとんどの児童が短時間でグラフを作成することができました。何度でもやり直すことができることは，Jamboard で行うよさでもあります。次に，グラフから読み取れることをJamboard の付箋機能を使い，グラフから読み取れることを付箋に入力します。「どれが一番多いですか」などの発問をすることで，グラフから読み取れることを書き出しやすくするとよいでしょう。付箋の色を変えて，グラフのよさを入力させるなど，まとめとしても付箋を活用することができます。また，そこから，グラフに整理するよさや便利さに気付かせたいです。

　Classroom の［授業］から課題を作成しているため，簡単に提出させることができ，どの児童がどのような考えをもっているのかを見取ることができます。

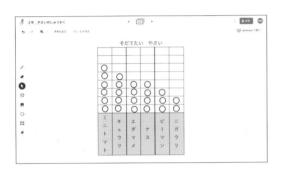
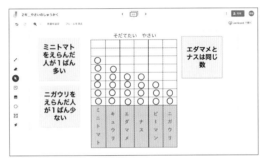

》他の単元や教科への応用

　表題や横軸が書かれていないグラフを用意しておくことで，身の回りの事象について自由にまとめることができ，主体的な学びにつながることも考えられます。中学年以上で学習する棒グラフや折れ線グラフ，円グラフなど様々なグラフは，Google スプレッドシート を用いることで簡単に表示することができます。

ここがポイント❶

- Jamboard を利用することで，グラフの作成時間を短縮でき，表やグラフからわかることを考える時間を確保することができます。
- 目盛り枠の画像を背景に設定することがポイントです。目盛り枠の上に絵となる画像を配置していきますが，目盛り枠が背景になっていないと，目盛り枠が簡単に動いてしまいます。目盛り枠の画像を背景に設定することで，児童は配置する画像の操作に集中することができます。Google スライド でも同様の使い方ができます。

（青柳咲紀）

2けたのたし算

■ 単元・本時のねらい

　2位数の加法及びその逆の減法の計算が、1位数の基本的な計算を基にしてできることを理解し、それらの計算が確実にできる。数量の関係に着目し、計算の仕方を考えたり計算に関して成り立つ性質を見いだしたりするとともに、その性質を活用して計算を工夫することができる。本時では、（2位数）＋（2位数）の立式をし、計算の仕方を考えることができる。

》 学習の進め方

① 学習課題を知る

　「赤いおはじきが12こと、青いおはじきが23こあります。おはじきは、全部で何こあるでしょう」「2けたのたし算は、どうすればできるのでしょうか」

② 問題を提示する

③ 答えの求め方を考える　　テンプレ

　おはじきを動かしたり、線や文字を書いたりして、答えを求める。

④ 求め方を共有し、計算の仕方を考える　　テンプレ

　友達の考えを見て、共通する考え方にはどのようなものがあるか考える。

⑤ まとめる

　2けたのたし算は、どのように計算すればよいか、わかったことをまとめる。10のまとまりとばらに分けて、位ごとに計算することを確認したい。

》 テンプレートの解説

　テンプレートの Jamboard には、赤と青のおはじきが操作できるフレームが含まれています。クラスの人数分のコピーを作成することで、児童がそれぞれに考えを書き込み、友達の書いたフレームと自分の考えとを比べることができます。クラス全員が同じファイル内で操作すると人数が多い場合もある

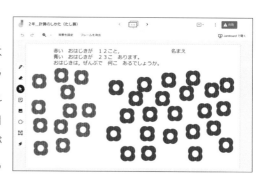

ため、グループごとにファイルを用意するとよいでしょう。グループ数のファイルのコピーを作り、それぞれのファイルを［このリンクを知っているこのグループのメンバー全員が編集できます］に設定し、すべてのリンクを Classroom の［ストリーム］や［資料］に投稿します。回収し

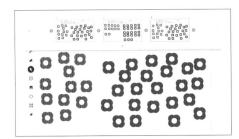

たい場合は、［授業］→［課題］→［生徒はファイルを編集可能］で配付します。右上に名前を書かせます。元のフレームをコピーすることができるため、いくつかの考えがある児童には、［フレームバーの展開］→［コピーを作成］を使って、複数の方法を考えさせるとよいでしょう。

》 テンプレート活用の様子

具体物であるおはじきを操作するというよさと、文字や線を用いて考えを残すというよさの両方が可能となります。多くの児童が10のまとまりを作っていましたが、並べ方には違いが見られました。お互いの考えを共有しやすくなるため、友達の考えを容易に知ることができ、シートをコピーして、別の方法を積極的に考えようとする姿が見られました。

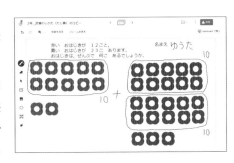

》 他の単元や教科への応用

2年「2けたのひき算」や「たし算とひき算」、3年「わり算」など、いろいろな計算の仕方を考える活動で効果的に使用することができます。

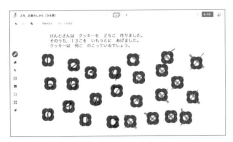

ここがポイント❶

- フリーハンドで線を描くことができるので、低学年の児童でも簡単に利用できます。
- 問題として示された図に、児童が新たな線や文字を加えたり、図を動かしたりすることができるため、様々な場面で使用できます。
- 児童が考えた方法をグループやクラスで共有することができます。

(青柳咲紀)

生活と算数

Google スプレッドシート

長さ

2年

■ 単元・本時のねらい

　長さの単位について知り，測定の意味を理解し，単位を適切に選択して長さを測定する力を身に付ける。また，長さを比べたり測定したりすることに進んで関わり，生活や学習に活用しようとすることができる。本時では，身の回りのものの長さについて，およその見当を付けて測定することができる。

》 学習の進め方

① 学習課題を知る

　「身のまわりのものの長さを測ろう」

② 定規の適切な扱いや目盛りの読み方を確認する

③ 身の回りのものの長さを測る　（テンプレ）

　指定されたものの長さをグループごとに測る。初めにおよその見当をつけて測るようにする。共同編集可能な（スプレッドシート）に入力し、他グループにも結果を共有する。時間があるグループは，自分たちで測るものを決め，さらに調べる。

④ まとめる

　活動を通して気付いたことや学習の振り返りをまとめる。

》 テンプレートの解説

　テンプレートは，（スプレッドシート）に数字を入力して使います。測るもののいくつかはすでに入力してあるので，児童は測った長さを数字キーで入力するだけです。必要に応じて測るものを変えたり，加えたりするとよいでしょう。1枚のシートで，クラスの全グループの記録が見られるため，自分たちの活動の参考

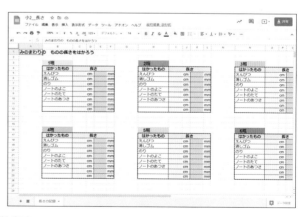

にしたり，記録を比較したりすることができます。

　本テンプレートはクラスで1つのファイルを使います。（Google Classroom）の［授業］→［課題］→［生徒はファイルを編集可能］で配付しましょう。

》テンプレート活用の様子

　児童は「長さがずれないように端を合わせて測ろう」「5の目盛りの次だから……」と，これまで学習してきたことを生かしながら，身の回りのものの長さを測っていきます。その際，およその見当をつけて測るように声をかけることで，長さに関する感覚を育むことにつなげます。長さを測ったら，テンプレートに入力します。数字を入力するだけなので低学年でも簡単に入力することができます。グループごとに，①長さを測る児童，②入力する児童，③他のグループの記録と比べる児童など，それぞれが役割をもって活動するとよいでしょう。役割を交代することで，どの児童もそれぞれの学びを経験できます。

　入力と同時に数字が見られるようになると，「他のグループの長さがすぐ見られる！」と児童は驚きの声をあげます。教師は，入力された数字から活動の進捗状況等を把握することができます。各グループの学習の支援に役立てましょう。

　測った長さが共有されると，これまで以上に児童が触れる情報量が増えます。他のグループの情報を見る中で，「あれ？同じ鉛筆でも長さが違う。どうしてだろう？」「ノートの長さは同じはずなのに，私たちは他のグループと違うよ。目盛りのよみ方が違ったのかもしれない。確かめてみよう」といった声が聞こえてきます。活動中，リアルタイムで情報が共有されるため，そこから自然に問いが生まれ，対話を通して解決していこうとする姿が見られます。教師は数学的な見方・考え方を働かせて主体的・対話的に学ぶ姿を価値付け，

長さについての感覚が育つように，各グループの支援をしていくことが大切です。

》他の単元や教科への応用

　測定した数量を表す際に，本テンプレートを使うことが想定されます。例えば，身の回りの重さを測って入力するとき，小数の単元で測定した数量を小数で表すときなどが考えられます。また，調べる項目を変えれば，生活科や理科で測定した数値を共有することもできます。数字を入力するだけで情報の共有ができるため，学年を問わず様々な単元・教科での活用が可能です。

ここがポイント❗

・入力と同時に情報を共有することができるため，長さを測る活動に時間をかけることができます。
・活動中，リアルタイムで他のグループの情報に触れられます。そこから刺激を受けながら，長さを比べたり確かめたりすることを通して，長さの感覚や数学的な見方・考え方が育まれます。

（稲木健太郎）

かけ算

Google スライド

■ 単元のねらい

　乗法の意味や式について理解し，計算することができるとともに，図や式などを用いて計算の仕方を考えることができる。また，乗法について考えることに進んで関わり，乗法を用いるよさに気付き，生活や学習に活用しようとすることができる。

》 学習の進め方

　スライド を用いて，教師が提示した課題を児童が解決する方法と，児童が個人で繰り返し問題を解いたりペアで問題を出し合って習熟を図ったりする方法がある。児童が主体的にフラッシュカードを操作し，友達と協働的に九九の練習ができる。

① 学習課題を知る

　「2 の段九九マスターになろう」

② 個人で九九を練習する　テンプレ

　2 の段の九九を，スライドを見ながら唱える。

③ ペアで問題を出し合う　テンプレ

　1 人がスライドを見せながら問題を出し，もう 1 人は九九を唱えながら問題に答える。問題を出した人は，正解不正解を伝える。

④ まとめる

　2 の段九九マスターになれたか，学習の振り返りをする。

》 テンプレートの解説

　1 枚目に問題，2 枚目にその答えを 1 セットとして，2 の段の九九が順番に表示されます。順番を入れ替えたり，数字を変えたりすることで他の段にすることも可能です。

　児童へ配付することで個人やペアでの活動を行うことができます。Google Classroom で ［授業］→ ［課題］→ ［各生徒にコピーを作成］で配付します。配付されたファイルを開き，［プレゼンテーションを開始］すると，問題→答えの順にスライドが表示されます。

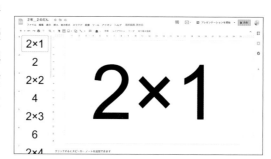

≫ テンプレート活用の様子

　児童は用意されたテンプレートを開きます。まず，個人でスライドを見ながら九九を唱える時間を取ります。問題の次には答えがあるので，個人でも確認しながら九九を唱えることができます。次に，ペアでスライドを見せ合いながら九九の問題を出していきます。先に，教師と代表児童でお手本となるやり方を見せると，どのペアもスムーズな活動につなげることができるでしょう。ペアで行うことで，「正解！」「次はわかる？」というようなコミュニケーションを取ったり，「2×7の答えは，一つ前の2×6に2を足せばいいから？」などとヒントを教え合ったりするなど，ゲーム感覚で楽しみながら，協働的にたくさんの問題に取り組むことができるでしょう。児童の習熟度合いによって，上り段，下り段，バラバラ段など問題の出し方を変えることもできます。ペアや個人に必要な方法を選ぶことができるため，主体的に取り組むことができます。

≫ 他の単元や教科への応用

　簡単に多くのパターンを作成したり，提示したりすることができるため，学年を問わず活用することができます。2の段以外の九九や1年生のたし算，ひき算，3年生のわり算などの四則演算の習熟の場面で活用できます。また，国語（例えば，漢字の読み）や社会（例えば，地図記号）などでも知識及び技能を習得する単元があるため，そこで活用することができます。

ここがポイント❗

- 教師がフラッシュカードのように課題を提示したり，ペアやグループで提示し合いながら繰り返し練習をしたりすることができます。
- 1つのスライドを複数コピーして一部を修正することで，簡単に多くのパターンを作成することができます。また，作成したスライドの順番を変えて表示したり数字を変えたりすることで，繰り返し練習することができ，知識及び技能の習得につながります。

（青柳咲紀）

3けたの筆算のしかたを考えよう

課題の習熟

Google スプレッドシート

■ 単元・本時のねらい

　3位数や4位数の加法及び減法の計算が，2位数などの基本的な計算を基にしてできることを理解し，それらの計算が筆算でできる。（2位数）±（2位数）の計算の仕方を基に類推するなどして，計算の仕方を考える力を身に付けることができる。本時では，3位数の加法の計算及び確かめの計算を，繰り上がりに気を付けながら，正確に行うことができる。

》 学習の進め方

　教師が複数のパターンのプリントを印刷しておき，教科書などの問題が解き終わった児童が自分のペースで練習できるようにします。家庭学習用として利用してもよいでしょう。児童の ICT スキルが高い場合には，児童が自分で印刷して利用することもできます。

》 テンプレートの解説

　本テンプレートは，3けたの筆算のプリント作成を自動化し，教師の業務を軽減します。

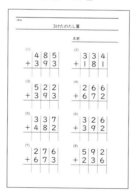

パターン1　　パターン2　　パターン3　　パターン4

　3けたのたし算では，繰り上がりに複数のパターンがあります。パターン1は一の位が繰り上がる，パターン2は十の位が繰り上がる，パターン3は一の位・十の位のどちらも繰り上がる，パターン1は百の位が繰り上がる計算です。

　スプレッドシート を使うと，ボタンクリックで問題の数字を変更したり，解答の表示・非表示を切り替えたりすることができます。問題を変更するのに，Google Apps Script というプログラムを使っているので，最初の1回だけ，プログラムを使うための承認が必要です。

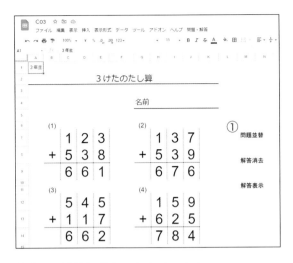

① [問題並替] ボタンをクリックする。

② 承認の確認ダイアログが開くので[続行]ボタンをクリックする。

③ Google アカウントを選択する。

④ [許可] ボタンをクリックする。

⑤ 解答を表示する・非表示にする。

　[解答表示] ボタンをクリックすると，問題に合わせて解答が表示され，[解答消去] ボタンをクリックすると解答が消えます。

⑥ プリントを印刷する。

　ファイルメニューから印刷を選んで，プリントを印刷します。

　使用するプリンタによって，設定を変更します。

≫ 他の単元や教科への応用

　スプレッドシート の乱数や Google Apps Script を使うと、問題だけでなく解答も自動で作成することができます。個別学習や補充学習など、児童の基礎的な計算技能を高めるために、手軽に様々なプリントが作成できる点が大変便利です。

　以下の Web ページでは、パターン１以外や他の計算プリントも多数公開しています。

「Google スプレッドシートで作る算数・数学プリント」

https://note.com/nappa7878/m/m23c500997013

ここがポイント❗

・同じパターンでも異なる数字の問題が簡単に作成できるので，補習や宿題など様々な利用ができます。

・単に計算技能の習得用としてだけではなく、複数のプリントからパターンを見分ける学習に利用すれば、思考力の育成にも活用することができます。

（中野博幸）

重さ

Google スライド

■ 単元・本時のねらい

　重さの単位について知り，測定の仕方や単位の表し方を理解し，身の回りのものの重さを量る活動を通して，はかりを適切に扱ったり，およその見当をつけて重さを量ったり，適切な単位で表したりすることができる。本時では，およその見当をつけて身の回りのものの重さを量り，重さについての感覚を身に付けることができる。

》学習の進め方

① 学習課題を知る

　「身のまわりのものを組み合わせて，1 kg ちょうどをつくろう」

② はかりの適切な扱いや，目盛りの読み方を確認する

③ 身の回りのものを組み合わせて，1 kg をつくる　テンプレ

　グループごとに重さを予想しながら 1 kg をつくり，はかりで量る。超えた場合や満たなかった場合は，ちょうど 1 kg になる方法を考える。1 kg がつくれたら写真を撮り，スライドに挿入する。他のグループを参考に，別の組み合わせも試してみる。

④ まとめる　テンプレ

　最も印象に残った写真をスライドに挿入する。気付いたことや学習の振り返りを記入する。

》テンプレートの解説

　テンプレートは，写真を挿入する枠と，気付きや振り返りを記入できる枠で構成されています。スライドや枠は色分けをしてあるため，共同編集をする際は，だれが・どこを編集するかが視覚的にわかりやすく，児童が迷わず活動できます。

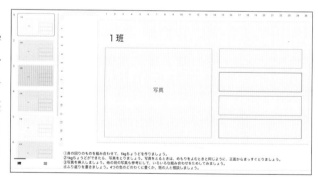

　また，スライドの下部の「スピーカーノート」に，活動の流れを記載しています。活動中も，児童が次の流れを確認しながら進められるようにすることで，主体的に取り組むことができます。

　本テンプレートは，クラスで 1 つのファイルを使います。　Google Classroom　の［授業］→［課題］→［生徒はファイルを編集可能］で配付しましょう。

テンプレート活用の様子

　身の回りのものの重さを量る活動を通して,「1 kg をすぐ越えるから, もっと軽いものを探そう」「1 kg まであと少し。小さくて軽いものをのせるとちょうどになるかな」と, 重さについての感覚が養われていきます。1 kg ちょうどになると, 児童は喜びの声をあげます。他のグループの写真が共有されると, 自分たちも早く 1 kg をつくりたいと, 活動への意欲を高めていました。

　写真を撮る際には,「目盛りをよむときと同じように, 写真は正面から撮ろう」「撮る角度がずれると, 目盛りがずれて見えるよ」など, 撮影の仕方にも気を配る様子が見られました。撮った写真をテンプレートに挿入する際は, 自分たちのグループのスライド内の, 指定された枠に挿入するよう指示します。慣れるまでは, どこに・どんな情報を入れればよいかを指定すると, 児童は安心して活動することができるでしょう。

　いくつも 1 kg の写真を撮っていき, 最終的に共有する写真を 1 枚選びます。「1 kg になって一番うれしかった写真を入れましょう」と伝えると, 児童は感想を話し合いながら写真を選びます。

　その後, 1 kg をつくる中で気付いたことや活動の振り返りを書かせます。同じテンプレート内に書かせること

1班

で, 活動の様子を思い出しやすくなります。振り返りには,「どれくらいで 1 kg になるのかわかってきました。友達の写真も参考になりました」というような記述が多く見られました。

他の単元や教科への応用

　身の回りにある図形を写真に撮って共有する, 生活の中で見つけた小数や分数の表記の写真を共有するなど, 身の回りの生活と算数を結び付ける活動で本テンプレートを使うことが考えられます。また, 画像を挿入するだけで情報の共有ができるため, 学年を問わず様々な単元・教科での活用が可能です。

ここがポイント❶

・児童が端末に慣れていない場合は, 気付きや振り返りを記入する欄は使わずに写真を挿入するだけでも活用できます。

・文字より写真の方がものと重さのイメージが結び付きやすいです。身の回りのものと重さが結び付くことで, 重さに対する感覚の育成につながります。

・共同編集に慣れる段階では, 写真を挿入する場所を指定したり, スライドの背景やテキストボックスの枠の色を変えたりすることで, 編集すべき場所がわかりやすくなるでしょう。

（稲木健太郎）

課題の習熟

Google Jamboard

③④年

大きな数

■ 単元・本時のねらい

　億, 兆の単位について知り, 十進法での位の表し方について理解を深め, 大きな数の大きさの比べ方や表し方, 計算の仕方を身に付ける。また, 十進数で表現するよさに気付き, 生活や学習に活用しようとすることができる。本時では, 10 倍, 100 倍, 10 分の 1 にした数の大きさと表し方を理解することができる。

》 学習の進め方

① 学習課題を知る

　「大きな数を 10 倍, 100 倍, 10 分の 1 にして, 数のしくみを調べよう」

② 10 倍, 100 倍, 10 分の 1 の数を調べる　テンプレ

　例題を基に, 整数を 10 倍, 100 倍, 10 分の 1 にすると位が上がったり下がったりするしくみを確認する。位取り表のテンプレートで数字カードを操作する中で, 「位が上がる」「位が下がる」感覚をつかませる。

③ 練習問題を解く　テンプレ

　教科書の練習問題を解く。必要に応じてテンプレートを使う。

④ 問題を作り, 解き合う　テンプレ

　テンプレートを使って, 児童が問題を作る。作った問題を出し合い, 10 倍, 100 倍, 10 分の 1 になる数を考える。

》 テンプレートの解説

　テンプレートは, Jamboard 上で数字カードを動かして使います。位取り表（カラー）が挿入されているため, 一目で位がわかるようになっています。また, 位取り表は「背景」に設定してあるため, 数字カードを操作する際もずれません。

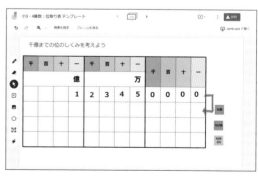

　数字カードは透明な付箋で作られていて, 数字を変えたり, コピーして増やしたりすることもできます。特に注目させたい数字がある場合は, 付箋の色を変えるとよいでしょう。数字カードを使わず, 手書き機能で位取り表の上に直接書き込むこともできます。

位取り表は 4 行あり，①問題（もと）の数，②10 倍した数，③100 倍した数，④10 分の 1 した数，の 4 つを書くことを想定しています。問題を 4 種類作って，児童同士で解き合うことも可能です。

　個人で問題を作ったり，位を確認したりできるように，テンプレートを一人一人に配ります。 Google Classroom の［授業］→［課題］→［各生徒にコピーを作成］で配付しましょう。

》 テンプレート活用の様子

　例題を基に，「10 倍すると位が上がる」ことを理解する段階では，教師と共に数字カードを操作します。「10 倍するときは数字を左に一つずらしていく」ということを，操作することで感覚を伴って理解していきます。教師は，それが「位が上がる」ことだと説明します。また，児童から「一の位の数字が足りなくなります。どうしたらいいですか？」という質問も自然と出てくるで

しょう。数字カードを操作することで，「10 倍するときは末尾に 0 を一つ加える」ことの必要性を，実感を伴って理解できるでしょう。

　位が上がる・下がる感覚をすぐにつかめない場合でも，位取り表を操作することで視覚的・感覚的に理解しやすくなります。問題に応じて数字を変えたり，手書きで書き込んだりと，児童は自分の使いやすいようにテンプレートを活用していきます。

　問題を出し合う場面では，初めに一人一人が問題を考える時間を作ります。様々な問題があり，グループで問題を出し合うと盛り上がります。問題を出した児童は，答えの解説を友達に説明することで理解も深まります。実際の授業では，説明するときに注目してほしい位の数字カードの色を変える姿も見られました。

》 他の単元や教科への応用

　位を変えて同様の学習活動を行う場合には， Google スプレッドシート などを使って本テンプレートのような位取り枠を作成し，背景に設定します。

ここがポイント❗

・10 倍すると位が 1 つ上がることを理解する際，ともすると「数字の最後に 0 をひとつ加える」という手続き的な知識になりがちですが，数字カードを操作することで「位が上がる」感覚がつかめます。数字の一の位（末尾）に 0 を加える意味も，実感を伴って理解できるでしょう。
・付箋の数字を簡単に変えたり加えたりできること，手書きができることが利点です。
・児童が自分たちで問題を作り解き合うことで，主体的・対話的な学びにつながります。

（稲木健太郎）

折れ線グラフ

Google スプレッドシート

■ 単元・本時のねらい

　変化の様子を，折れ線グラフを用いて表したり，変化の特徴を読み取ったりすることができる。本時では，2都市の気温の変化を折れ線グラフから読み取る活動を通して，自身が選んだ他の都市の気温の変化の特徴を読み取ることができる。

》 学習の進め方

　折れ線グラフがどのように描かれたものかを確認させ，量の変化の様子を表すには折れ線グラフが便利であることを伝える。また，テンプレートの1シート目の表に数値を入力すると，簡単に折れ線グラフを作れることをあらかじめ体験しておくとよい。

① 学習課題を知る

　「新潟県とオークランド市の気温の変わり方を比べよう」

② 「新潟県」と「オークランド市」の気温の変わり方について調べる　テンプレ

　教科書から新潟県とオークランド市の気温を調べてシートに入力していく。それぞれのグラフから気付いたことをノートに書いて整理させておく。

③ 2つのグラフを重ね，考察したことを確認する　テンプレ

　2つのグラフを重ねてみて，前の手順で考察したことが妥当であったかを確認する。また，グラフを重ねてみることで新たに気付いたことをノートに書き足す。

④ 自分で選んだ都市を比較してみる

　気象庁のサイトなどから別の都市の気温データを参照し，比較して気付いたことをグループの中で発表させる。

》 テンプレートの解説

　テンプレートには スプレッドシート が4シート含まれています。1シート目に作成例として新潟県の年間平均気温を入力しておいたもの，2シート目は2都市の表と折れ線グラフを別々に表したもの，3・4シート目は2都市のグラフを重ね合わせたものです。2シート目以降のシートの初期値は0とし，児童自身が入力してグラフを作れるようにしてあります。

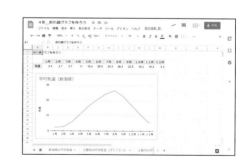

各グループに１つのファイルを用意するとよいです。グループの数だけファイルを用意したら，それぞれのファイルを［このリンクを知っているこのグループのメンバー全員が編集できます］に設定し， Google Classroom の［ストリーム］や［資料］に投稿します。

テンプレート活用の様子

　児童は用意されたテンプレートを開き，２都市の気温を入力します。このとき，数値を入力してもグラフができない児童が出てくるかもしれません。入力する数値が半角になっているかどうか確認しましょう。児童からは「新潟県は山型で，オークランド市は直線型」のような，グラフの形に関する気付きが出てくるでしょう。グラフを学習する上で，このような直感的な見方は大切です。

　また，２つのグラフを別々に見ていると，児童から「一緒にまとめた方が比べやすい」という声があがったため，３シート目を紹介し，表に数値を入力させました。「重ね合わせてみるとグラフの形が全然違う」と，先ほどの考察を確認する様子が見られました。ここで教師が，新たに気付いたことを問うと，「１月が一番気温の差が大きい」「新潟県の一番気温の高い月と，オークランド市の一番気温の低い月がだいたい同じ」など，グラフの目盛りに着目した意見が出てくるようになります。

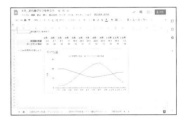

　授業の後半は，前半部分で学習した内容を生かして，別の都市のグラフを児童に比較させましょう。児童はテンプレートの４シート目「２都市の平均気温（グラフ重ね合わせ）2」に調べた都市の気温を入力してここでも気付いたことをノートに書かせて整理します。友達同士でグラフを見合い，どのようにグラフを読み取ったのか話し合わせるとよいでしょう。

他の単元や教科への応用

　例えば，４年「ともなって変わる数」や６年「比例と反比例」でも，本テンプレートは活用できます。また，社会や総合的な学習の時間などにおける調査的活動でも， スプレッドシート に数値情報を整理してグラフ化することで，調べたことを効果的に伝えることができるでしょう。

ここがポイント❗

・ スプレッドシート のグラフ機能を使うことで，グラフを手書きで一から作るよりも，データの性質を読み解く学習に多くの時間を使うことができます。単元全体の中で，手書きでグラフを描く活動とコンピュータで描いたグラフを読み解く活動をバランスよく計画するとよいでしょう。

（棚橋俊介）

考え方の共有

Google Jamboard

角

■ 単元・本時のねらい

　角の大きさについて理解し，角の大きさを測定したり作図したりできるとともに，角の大きさを柔軟に表現したり，図形の考察に生かしたりする力を身に付けることができる。本時では，図形の角の大きさに着目し，角の大きさには多様な表し方があることに気付くことができる。

》 学習の進め方

① 学習課題を知る

　「三角定規を組み合わせて，いろいろな角の大きさをつくろう」

② テンプレートの説明を聞く　[テンプレ]

③ 三角定規の図を組み合わせて，様々な角の大きさをつくる　[テンプレ]

　組み合わせを見つけて，式に表す。考えを友達と伝え合う。

④ まとめ・振り返り

》 テンプレートの解説

　テンプレートにある三角定規を組み合わせて使います。三角定規は動かしたり回転させたりできます。また，コピーしたり削除したりすることもでき，試行錯誤しながら何通りもの組み合わせを試すことができます。

　三角定規のどの部分に注目したかがわかるように，手書き機能で色を付けます。角の大きさについて，基本的な理解の定着にもつながります。

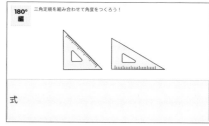

　テンプレート下部には，式を書く欄があり，どのように角の大きさを組み合わせたか，思考の過程を式に表そうとすることで，数学的な見方・考え方が深まります。

　テンプレートにはいくつかの課題を例示しています（左上の付箋）。課題として示す角の大きさを変えることで，様々な問題が作れます。また，1つの課題でも，何通りも

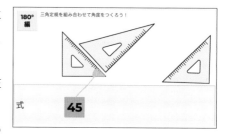

の考えが出てくることも予想されます。その場合は，フレームをコピーして複数の考えを表現できるようにしましょう。

個人で活動できるように，本テンプレートを一人一人に配ります。 Google Classroom の［授業］→［課題］→［各生徒にコピーを作成］で配付しましょう。

》 テンプレート活用の様子

児童は Classroom からテンプレートを開き，図形を組み合わせて角の大きさを作ります。図を動かして考える児童，式から考える児童，実物の定規を触りながら考える児童など，様々な方法で角の大きさを考えていました。三角定規の図は簡単にコピーしたり削除したりできるため，児童は試行錯誤しながら様々な見方で角の大きさを捉えようとしていました。実物を操作した場合，1 つできると次をつくるために三角定規の組み合わせを崩す必要があります。しかし， Jamboard で操作活動を行えば，1 つの課題に対する様々な考え方をフレームで残すことができます。

指定された角の大きさができたら，式に表し，イメージ通りの角の大きさになっていることを確かめます。その際，手書き機能でどこの角の大きさに注目したか，色を付けて目立たせるように指示しましょう。三角定規の角の大きさを書き込むことで，基礎的な知識の定着にもつながります。

出来上がった図を基に考えを友達と伝え合う場面では，ペアやグループで直接見せ合うことに加え，リンクの共有など Jamboard のデータを共有して見合う方法も考えられます。自分とは異なる考えに触れることで，角の大きさに関する多様な見方が育まれます。

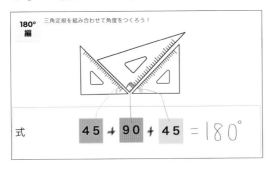

》 他の単元や教科への応用

1 年「かたち」で，三角形や四角形を組み合わせるときに，本テンプレートの考え方が生かせます。図の形や式の有無を変えることで，算数科や図工科など，図形を組み合わせる学習に応用できるでしょう。

ここがポイント❗

- 三角定規の図は簡単にコピーしたり削除したりすることができるので，児童は試行錯誤しながら，何通りもの組み合わせを考えることができます。
- 図に直接補助線を書き込むことができるため，角の大きさを視覚的に捉えやすくなります。
- 児童同士でお互いの組み合わせを共有することで，多様な考えがあることに気付きます。

（稲木健太郎）

データの分類

Google Jamboard

垂直・平行と四角形

■ 単元のねらい

　垂直・平行の関係や角の大きさに着目して，四角形を分類し，その特徴について調べたり考えたりすることを通して，図形及びそれらの関係に関する見方・考え方を深めるとともに，生活や学習に活用しようとすることができる。

》 学習の進め方

　四角形の特徴（垂直と平行の関係や角の大きさによって種類分けができる）について理解したのちに実施することが望ましい。

① 学習課題を知る

　「四角形を，図形の特徴をもとに分類しよう」

② 四角形について調べる　テンプレ

　学習した四角形の特徴を基に，四角形がどのように分類できるか調べる。

③ 結果を比較する　テンプレ

　Jamboard を見合い，どのような基準で分類したのかという視点から考察させる。加えて，妥当な分類になっているか確認させる。

④ 教科書の練習問題を解く　テンプレ

　教科書の例題や練習問題を解く。Jamboard の別フレームに問題を作成しておいて，児童が自分の進度に応じて取り組めるようにするのもよい。

⑤ 自分の観点で四角形を分類する

　対角線や面積など，新たな自分なりの観点で四角形の分類に挑戦させる。

》 テンプレートの解説

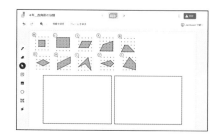

　テンプレートには，四角形の画像が読み込まれたフレームが用意されています。枠が2つ用意されているので，そこへ四角形の画像を移動させ，四角形を分類していきます。

　最初はグループで作業できるように，グループ分のファイルを作成し，Google Classroom の［授業］→［課題］→［生徒はファイルを編集可能］で配付します。児童はグループのファイルを編集し，授業の後半には，全員が［ファイル］→［コピーを作成］し，個人の活動を行います。課題を回収する場合には，児童に［課題］→［追加または作

成］でファイルを選んで［提出］させます。

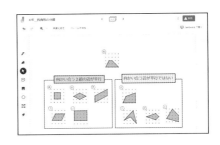

≫ テンプレート活用の様子

　児童は用意されたテンプレートを開き，どのような観点
で四角形が分類できるかを考えます。分類する観点が決
まったら，その観点に従って四角形を分類していきます。
準備された四角形のカードを Jamboard 上で動かすだけなので，簡単に繰り返し操作することが
可能です。分類の仕方に迷う児童は，他の児童がどのような観点で分類しているのかを参考にする
こともできます。

　次に，分類した結果についてグループで発表します。どのような観点で分類したのか，分類した
結果は妥当なのかについて検討します。その際に，分類に迷った四角形があれば話題にし，考えさ
せるようにします。グループの中だけで解決策が見つからない場合は，他のグループの児童の
Jamboard を参考にしながら考える姿が見られました。必要に応じて，他のグループの児童とも
分類の仕方について話し合うなど，情報を共有することで学習活動が広がります。教師は児童の
Jamboard や活動の様子から見取り，必要に応じて似た分類の仕方をしている児童同士をつな
ぎ，児童が分類の観点や判断するための見方・考え方を獲得できるように促します。

　一通り分類の仕方について共有できたところで，四角形についてどのような観点で分類できたの
かを整理します。ここでも児童の実態に応じて Jamboard を用いて，分類の観点を整理してもよ
いでしょう。教科書の例題や練習問題を解いた後，自分なりの観点で改めて四角形を分類してみま
す。共有された分類の観点に従って，自分で改めて四角形を分類することで，四角形の特徴に対す
る理解が深まります。余裕があれば，Chromebook のカメラ機能を使って身の回りの四角形のも
のを撮影し，Jamboard に取り込んで分類するなど，さらに学習を広げることもできます。

≫ 他の単元や教科への応用

　図形だけでなく何かを分類する学習活動がある単元であれば，学年・教科を問わず活用すること
ができます。例えば，5年「角柱と円柱」などが考えられます。また，理科や社会科において，実
験結果や調べてわかったことを観点に従って分類するなどの学習活動でも活用できるでしょう。算
数の「分類する」という見方・考え方が他教科に生かされていることを伝えることができます。

ここがポイント❗

・分類する学習活動では，分類する対象としてカードなどを準備する必要がありましたが，テンプ
　レートを利用することで，児童全員への配付や共有が簡単にできます。
・2つのグループに分けるだけでなく，様々な分類を考えさせることも，図形に対する感覚を豊かに
　します。

（大久保紀一朗）

考え方の共有

Google スライド

面積

■ 単元・本時のねらい

面積について単位と測定の意味を理解し，面積を計算によって求めることができるようにするとともに，面積についての量感を豊かにする。本時では，既習の長方形や正方形の面積を求める学習を活用して，長方形を組み合わせた図形の面積の求め方を考え，面積を求めることができる。

》 学習の進め方

面積を求める際，図形を「分ける」「移動させる」「全体を計算した後，欠けた部分を差し引く」ことで求めやすくなることをあらかじめ指導しておくとよい。

① 学習課題を知る

「L 字型の図形の面積を求めよう」

② 問題を解決する方法を考える

既習内容で，本時の問題解決に使えそうな見方・考え方を出し合う。「正方形と長方形の面積の求め方を使う」「図形を動かす」「空いている部分を一度穴埋めして，最後にその分をひき算する」などの意見を出し合うことで，学習の見通しをもたせる。

③ L 時型の面積を求める （テンプレ）

自分で考えた解き方をスライドの図に表し，計算方法を考えさせる。速くできた子には，スライドをコピーするように指示し，別の方法を考えさせる。

④ 教科書の練習問題を解く （テンプレ）

教科書の例題や練習問題の図形を，別のスライドに作成しておき，児童に解かせる。

》 テンプレートの解説

テンプレートには，同じスライドが 4 枚あります。背景に，問題と 1 cm² 方眼の表を挿入してあります。 スライド でレイアウトし，JPEG で書き出したものです。そこに，1 cm² マス（正方形）を並べ，L 字型図形を作成しました。特定の正方形を動かしたり，塗りつぶしの色を変えたりすることができます。

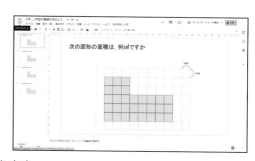

グループで作業できるように，各グループに 1 つのファイルを用意するとよいです。グループの数だけファイルを用意したら，それぞれのファイルを［このリンクを知っているこのグループのメンバー

全員が編集できます］に設定し，すべてのリンクを Google Classroom の[ストリーム]や[資料]に投稿します。

テンプレート活用の様子

児童は Classroom から自分のグループの［リンク］を クリックします。初めは個人でスライドを分担し，解答を 始めます。1 cm² マスの数を数えて答えを求めようとする児童に は，「これまで学習した解き方を使って，もっと簡単に面積を求め てみよう」と声をかけました。

学習場面では，様々な考え方を スライド の機能を使って表現し ていました。大きな長方形の面積からいらない部分の長方形の面積 を引く方法を使った児童は，引く部分を色付けすることで視覚的にわかりやすくしていました。ま た，L字型の図形を上下や左右で切り離す方法では，マスを動かして図形を分割する子もいれば， 切り離す部分に直線を挿入する児童，別の色で塗りつぶす児童など，1つの方法からいくつもの表 現方法が見られました。操作スキルが向上すればするほど表現方法も豊富になります。

また，グループ内でスライドを共有しているので，お互いにどんな解き方を使っているのかリア ルタイムに見合うことができます。自分が使おうとしていた方法を使っている友達がいれば，違う 方法に変更している子もいました。さらに，友達の解答方法が間違っていたら指摘したり，質問し たりしている姿も見られました。そして，個人での学習方法に行き詰まると，グループで話し合い ながら1つの解答方法を考え始めるようにもなりました。また，Classroom に戻って他のグルー プの［リンク］を押せば，そのグループの考えも見ることができます。新しい方法を見つけて紹介 し合うグループも見られました。

他の単元や教科への応用

同様の活動が行われる場面は，5年「三角形や平行四辺形の面積」です。この学習の中でも図形 を移動させたり，色を変えたりすることで，新しい図形の面積の求め方を考えることができます。 また，スライド の基本的な操作が活用できる場面はたくさんあります。立体の展開図や見取り図 を作図する場面でも，面や辺を挿入，移動させることで簡単に表現することができます。

ここがポイント❶

・従来，多様な考えを共有するためには個人での活動や全体での交流に多くの時間がかかりました が，Classroom 上にすべてのグループのリンクが示されることで，他のグループの考えを簡単に 参照することができます。

（棚橋俊介）

ともなって
変わる量

課題の提示　データの処理

Google スライド　Google スプレッドシート

■ 単元・本時のねらい

　伴って変わる 2 つの数量にどんな関係があるのか，表から対応のきまりを見いだし，式やグラフに表して数量の関係の特徴を考察することができる。本時では，段の数を増やしたときの正方形の総数の求め方を表や図を使って考える活動を通して，対応のきまりを見いだし，きまりを活用して問題を解くことができる。

≫ 学習の進め方

① 学習課題を知る

　「階段の段数と，正方形の周りの長さにはどんな決まりがあるのだろう。また，階段の数が 20 段のとき周りの長さは何 cm になっているのだろう」

② 問題を解決する方法を考える

　既習内容で，本時の問題解決に使えそうな見方・考え方を出し合う。「表に表す」「変化の様子をグラフに表す」などの意見を出し合うことで，学習の見通しをもたせる。

③ 伴って変わる 2 つの量の関係を調べる　テンプレ

　正方形の周りの長さの変化を表に表し，数量のきまりを調べる。あらかじめ折れ線グラフの作り方を指導しておくと，考察の幅が広がる。

④ 段数が 20 段になったときの周りの長さを求める　テンプレ

　③で見いだした数量の変化のきまりを使って問題に答える。

≫ テンプレートの解説

　テンプレートには提示用の スライド と，分析用の スプレッドシート があります。4 枚のスライドが含まれ，1枚のスライドを複数コピーして一部を加筆しています。今回は 1 段目から 4 段目までの変化の様子をスライドにしました。プレゼンテーション機能を使って児童に提示していくとよいでしょう。スライドを進めていくと，正方形の段数と数が増えていく様子をパラパラ漫画のように表示することがで

きます。また，何度でもスライドを戻すことができるので，繰り返し見せることで，正方形のどの部分が変化しているのか，児童に動的なイメージをもたせることができます。

スプレッドシート には，正方形の段数と周りの長さの変化を記録できる表を作成し，その下部に式を記入できるようにしました。また，表に数値を打ち込むとグラフができるように，教師があらかじめグラフを挿入しています。このシートを複数コピーして，グループで同じデータを共有できるようにしました。

テンプレート活用の様子

まず，教師が スライド を使って段階が変化する様子を提示し，「伴って変わる2つの量は何だろう？」と発問をすると，児童は「正方形の数」や「階段の段数」「周りの長さ」「面積」などを出し合いました。そこで本時では，「階段の段数」と「周りの長さ」の2つに絞り込み，学習問題を設定しました。

児童は， Google Classroom から自分のグループのリンクをクリックして スプレッドシート を開きます。このようにグループごとに共有しておくと友達と自分の解き方を比較することができるので，話し合いの動機付けになります。児童は教師が提示したスライドを基に，正方形の段数と周りの長さの変化を表に打ち込みました。この表を基に，様々な方法で答えが求められました。

1つ目は，変化のきまりを式に表す方法です。児童は，段数が増えるごとに周りの長さが4cmずつ増加していることに気付き，このきまりを「4×□＝○」に表しました。20段目の周りの長さは，この式の□に20を代入することで簡単に求めることができました。

2つ目は，グラフ化です。表に数値を入力すると，自動で折れ線グラフが作成されます。児童は4段目以降の数値がどうなるか分からないので，教師はグラフを延長してみるように助言し，児童はグラフをコピーし，スライドに貼り付けました。 スライド ではグラフ上に直線を挿入できるため，これを20段目まで延長して答えを求めました。

他の単元や教科への応用

プログラミングを使って図形を動かすのと比べて、スライドを順に表示するパラパラアニメーションは簡単に作成できます。平行四辺形や三角形の面積を求める際に図形を移動させたり、理科で太陽や月の動きを表現したりすることができます。

ここがポイント❗

・変化を伴う問題場面では，アニメーションで提示することにより，児童が課題を把握しやすくなります。これによって，問題解決への見通しにつながります。
・教師が一斉に提示するだけでなく，ファイルを共有すれば児童が自分自身で納得するまで繰り返し確認することもできます。

（棚橋俊介）

学習内容の蓄積

Google スプレッドシート

図形の面積

単元のねらい

基本的な図形の面積が計算で求められることへの理解を深め，面積を求めることができる。

学習の進め方

基本的な図形の面積の求め方について学習し終えた後に，まとめとして活用することも考えられる。いずれにしても学習で使用した後は，公式のデータベースとして残しておく。

① 学習課題を知る

「平行四辺形や三角形の面積を計算で求める方法を考えよう」

② 平行四辺形の面積の求め方を考える （テンプレ）

シートに底辺と高さの数値を入力し，算出された面積を確認し記録する。いくつかの数値で面積を算出した上で，どのような式で面積を求められるのか，なぜその式で求められるのかをノートの図に書き込んだり，シートの結果を確認したりして考える。

③ 考えた結果を共有する （テンプレ）

シートを見せ合い，平行四辺形の面積を求める公式について考えたことを共有する。

④ 教科書の練習問題を解く （テンプレ）

教科書の例題や練習問題を解く。シートに数値を入力し，答え合わせをする。

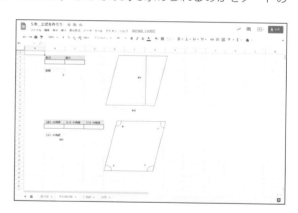

テンプレートの解説

テンプレートには， （スプレッドシート）が4シート含まれています。1枚目に長方形，2枚目には平行四辺形，3枚目には三角形，4枚目には台形について，それぞれの面積や角度を求める数式が入力されています。

基本的に個人で活用するので，1人に1つ

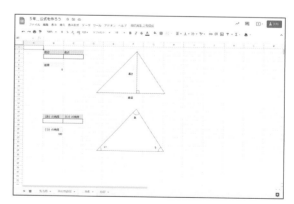

のファイルを準備します。 Google Classroom の［授業］→［課題］→［各生徒にコピーを作成］で配付します。

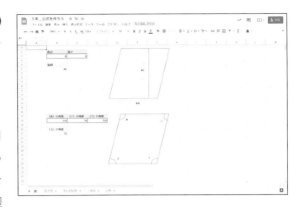

テンプレート活用の様子

まず，高さや角度などを入力することで自動的に面積が計算されるシートになっていることを児童に伝えます。次に，様々な数値を入力し，面積の値を算出します。平行四辺形の面積は底辺 × 高さで算出されるため，程なく公式を見つけることができます。 スプレッドシート が正しい答えを算出してくれるので，児童は答えの正誤にこだわらずに学習に取り組むことができます。

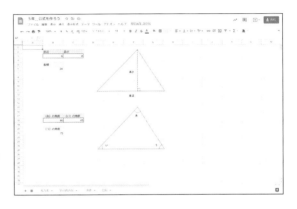

教師は，公式を導き出せたことを認めつつ，なぜその式で面積を求められるのか，児童に揺さぶりをかけます。そうすることで，児童は端末上の図形を操作したり，ノートに図を描いてみたりして，なぜその公式で面積を求められるのかについて確認し始めます。本テンプレートには，長方形の面積の求め方のシートも入っているので，そのシートを確認して，長方形と平行四辺形の類似点に気付き，考えを深める様子も見られました。三角形の公式を考える際には，平行四辺形の公式と比較する様子も見られました。

他の単元や教科への応用

公式に関する単元や，長さ・面積・かさなどの単位変換の学習場面において，学年を問わず活用することができます。また，本テンプレートをきっかけにして，児童が スプレッドシート での計算式の使用方法について学び，学習内容に応じたテンプレートを作成することにもつなげられます。

ここがポイント❗

- 各学年で様々な公式について学びます。 スプレッドシート の関数を利用しながら，公式を用いて値を求めることで，公式の便利さを一層感じることができるでしょう。
- 1つの スプレッドシート に公式を蓄積することで，自分だけの公式データベースが作成され，児童が学習内容のつながりについて理解を深めることができます。

（大久保紀一朗）

対称

■ 単元・本時のねらい

　図形の対称性について，図形を折り重ねたり回したりする活動を通して，線対称や点対称の意味を理解し，対称な図形の性質や作図の仕方を考えたり多角形の対称性を調べたりすることができる。また，平面図形の見方・考え方を深めるとともに，生活や学習に活用しようとすることができる。本時では，線対称な図形の定義を知り，線対称な図形をつくることができる。

》 学習の進め方

　線対称な図形の性質（「対応する2点を結ぶ直線が対称の軸と垂直に交わる」かつ「対応する2点から対称の軸までの長さが等しい」）を基に作図をする前に本活動を行うことで，イメージをもたせることができる。

① 学習の課題を知る

　「線対称な図形の性質を調べよう」

② 線対称な図形の性質について調べる

　三角定規やコンパスを用意して，線対称な図形の性質について調べる。

③ 線対称な図形の性質を使って簡単な図形を作る　　テンプレ

　　スプレッドシート　を使って，マス目に色を塗ることで線対称な図形を作る。「対称の軸で折ると重なる」ということを押さえたうえで活動に入る。シートを複数枚コピーするか，シートをコピーする方法を児童に指導しておけば，多様な図形を作成することができる。

④ 友達の図形を見て，様々な線対称な図形に触れる　　テンプレ

　　作った図形を互いに見せ合い，線対称になっているかチェックし合う。そのときに，線対称な図形の性質を口にしながら確認させるとよい。

》 テンプレートの解説

　テンプレートには，　スプレッドシート　が2シート含まれています。1枚目は線対称な図形を作れるシート，2枚目は点対称な図形を作れるシートです。今回の授業では，点対称のシートを削除して利用しました。線対称と点対称を比較することに重点

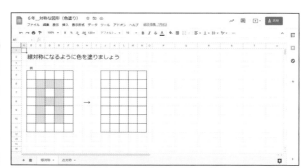

を置いて授業する場合には，2つを同時に利用することもできます。

　最初はグループで作業できるように，グループ分のファイルを作成し、 Google Classroom の［授業］→［課題］→［生徒はファイルを編集可能］で配付します。児童はグループのファイルを編集し、授業の後半には、全員が［ファイル］→［コピーを作成］し、個人の活動を行います。課題を回収する場合には，児童に［課題］→［追加または作成］でファイルを選んで［提出］させます。

》 テンプレート活用の様子

　児童は Classroom から自分のグループのリンクを選択し、 スプレッドシート を編集していきます。最初は スプレッドシート で図を作ることに戸惑う児童がいるかもしれません。まず，セルの色を塗りつぶす方法を伝えます。次に，線対称な図形の性質をグループの中で声に出しながら色を塗らせます。こうすることで，線対称な図形を作る際の根拠が明確になり，知識が定着していきます。

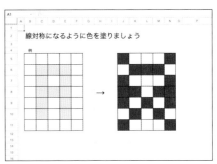

　シートを共有しているので，友達がどんな図形を作っているのかを見ることができます。自分の図形と比較して，相違点について話し合わせることで，新たな気付きが生まれます。

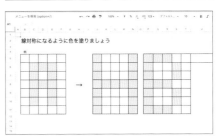

　作成を続けると，全体を想像しながら図形を作成するのではなく，2つの対応するセル同士を順番に塗りつぶしていく姿が見られました。このような図形を作成する手順や考え方を全体に共有することで，線対称図形の深い理解につなげることができます。

　また，マス目を増やせば，より複雑な図形を描く児童も現れるでしょう。

》 他の単元や教科への応用

　本テンプレートは，図形に関する単元で活用できます。例えば，5年「合同な図形」の導入や，6年「図形の拡大と縮小」でイメージをもたせる場面で活用できます。

ここがポイント❗

- 定規やコンパスを使って，線対称な図形を描くには時間がかかります。本テンプレートは，セルを塗りつぶすだけなので，何度も塗り直しができ，簡単にたくさんの図形を描くことができます。
- マス目を増やすことで，より複雑な図形を描くこともできるので，児童の習熟度に応じて課題の修正も容易にできます。
- 端末の画面を傷つけないように気を付けながら，鏡を使って対称の軸を確認することもできます。

（福井美有）

⑥ 年

比例と反比例

■ 単元・本時のねらい

　伴って変わる2つの数量について，比例や反比例の意味を理解し，その変化の様子や関係を式，表，グラフを用いて調べたり考えたりすることを通して，関数的な見方・考え方を深めるとともに，生活や学習に活用しようとすることができる。本時では，2つの数量の関係を，グラフに表すことで比例するかどうかを考察することができる。

》 学習の進め方

　比例のグラフの特徴（直線であること，横軸と縦軸の交わる点（x=0，y=0）を通ること）をもとにグラフを書くことを習得したのちに実施することが望ましい。

① 学習課題を知る

　「身の回りにある2つの数量の関係を，比例のグラフの特徴をもとに調べよう」

② 「おもりの数」と「ばねの伸び」について調べる　（テンプレ）

　実際におもりとばねを用意して，おもりの数とばねの伸びの関係を調べる。測定結果を（スプレッドシート）へ記入させる。複数回（5回が望ましい）測定し，平均値を結果とするとよい。（スプレッドシート）の関数や電卓で求めさせる。

③ 結果を比較する　（テンプレ）

　シートを見せ合い，測定結果の平均値を「比例のグラフの特徴」という視点から考察する。直線になっているかどうか，x=0，y=0 の点を通るかどうかを確認する。

④ 教科書の練習問題を解く　（テンプレ）

　教科書の例題や練習問題を解く。（スプレッドシート）の別シートに，x や y を空白にしたものを作成しておく。

》 テンプレートの解説

　テンプレートには，（スプレッドシート）が3シート含まれています。1枚目におもりの数とばねの伸びについて調べられるように項目名や数値を入力しておいたもの，2枚目以降は練習問題として，項目名や数値が入力されていないものです。

　最初はグループで作業できるように，グループ分のファイルを作成し，（Google Classroom）の［授業］→［課題］→［生徒はファイルを編集可能］で配付します。児童はグループのファイルを

編集し、授業の後半には、全員が［ファイル］→［コピーを作成］し、個人の活動を行います。課題を回収する場合には、児童に［課題］→［追加または作成］でファイルを選んで［提出］させます。

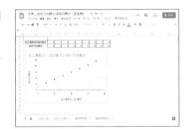

≫ テンプレート活用の様子

　児童はテンプレートを開き、測定結果を入力します。結果からグラフが作成できるため、すぐに他のグループの結果との比較ができるようになります。グループ同士で話合いを行うことで、測定結果に多少の差異はあっても、比例関係にあることは共通しているということに気付くことができるでしょう。また、教師は、グラフの特徴を基に話し合っているかを注意深くみることが大切です。

　入力すると自動的に結果がグラフ上に表示されていく様子を見ている児童から、「次は11くらいだな」「あれ思ったより小さい」などというつぶやきが聞こえてきます。そのような「予測」に関わる発言をしている児童がいたら、教師は「どうして次が予想できるの？」などと声かけするとよいでしょう。「大体3ずつ増えているから」と、数の増加から推測する児童も現れるでしょう。また、「おもりの数の約3倍になっている」という式との関連を口にすることも考えられます。グラフを学ぶ前に学習した比例の式との関連に気付かせる契機となります。その発言を全体に周知しておくことで、「おもりの数とばねの伸びにはどのような関係があるのか」という課題に対して、グラフの特徴だけを基に説明するのではなく、式という表現で説明することが可能になります。数学的表現の行き来ができるようになることは、ものごとを複数の視点から考察するという汎用的なスキルにつながるでしょう。

≫ 他の単元や教科への応用

　本テンプレートは、数量関係に関する単元であれば、学年を問わず活用することができます。4年・5年「変わり方」や、グラフの種類を変えれば、5年「割合のグラフ」や6年「資料の調べ方」でも活用できます。また、理科や家庭科における実験結果を考察する単元でも活用できるため、算数での学びが他教科に生かされていることを伝えることができるでしょう。

ここがポイント❗

・従来、実験結果は全員が自分のノートやワークシートに書き込む時間が必要でしたが、 スプレッドシート はグループで共同編集でき、結果を一人が入力すれば、全員の端末で共有することができます。

・ Classroom 上にすべてのグループのファイルが示されていることで、他のグループの結果を参照することが容易になります。

（久川慶貴）

資料の整理

考え方の共有　データの処理

Google スライド　Google フォーム

■ 単元のねらい

　代表値の意味や求め方，度数分布表や柱状グラフ（ヒストグラム），統計的な問題解決の方法について理解し，目的に応じてデータを集めて分類整理し，データの特徴や傾向に着目し，代表値などを用いて問題の結論について判断したり，その妥当性について考察したりするとともに，統計的な問題解決の過程について，数学的に表現・処理したことを振り返り，多面的に粘り強く考えたり，今後の生活や学習に活用しようとしたりすることができる。

》 学習の進め方

① 学習課題を知る

　「自分たちの調べたいテーマをもとにして調べ，データの特徴を整理しよう」

② テーマの設定と質問項目の検討をする

　グループで調査するテーマと質問項目について検討する。教師は，適切なテーマ設定・質問項目となるよう積極的に助言する。

③ アンケートを作成・配付する 　テンプレ

　フォーム を作成後，Google Classroom にリンクを貼り付け，アンケートを実施する。

④ アンケートを分析する 　テンプレ

　フォーム の作成画面から回答を選択すると，回答結果を Google スプレッドシート に書き出すことができる。学習内容の「平均値」「中央値」「最頻値」を分析の項目として、数値を分析する。

⑤ 分析結果をまとめる 　テンプレ

　アンケート結果を スライド にまとめる。グループで共同編集して分析を行う。

⑥ グループで調べた結果を発表する 　テンプレ

　スライド を大型提示装置に示しながらグループごとに発表する。

》 テンプレートの解説

　テンプレートには，8枚のスライドがあります。グループで共有するとよいでしょう。1枚目に調べたテーマ，メンバー名を入力します。2枚目はテーマ設

定理由，3枚目は予想です。ここまではアンケートを作成する過程で記入することができます。4枚目には平均，中央値，最頻値を入力するための表が挿入されています。5，6枚目は結果のグラフや表などを貼り付けるページで，7，8枚目は考察，まとめを記入するためのページです。

テンプレート活用の様子

　まずは自分たちの調べたいテーマをグループごとに検討します。数値化しやすいもの（時間や回数等）をテーマにするとよいと助言します。主体的な学びを行っていくためには，このテーマ設定は非常に重要です。グループで納得の上，テーマを設定するようにしましょう。調べたいテーマをクラスで出し合い，テーマごとにグループを組んでもよいでしょう。テンプレートの1～3枚目まではアンケート集計前に記入をすませておきます。ここで大切なのが「予想」です。事前にどのような結果になるのかを想定した上で結果を見ると，考察やまとめをする際に新たな気付きが生まれやすくなります。

　フォーム を活用してアンケートを実施し，データの集約を行います。自動で円グラフや棒グラフなどを作成してくれるため，データの分析にも役立ちます。また，ボタン1つで スプレッドシート に一覧化することができます。

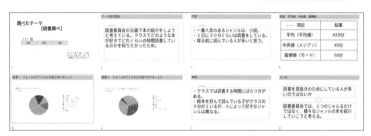

　集約したアンケートを，一覧表にしたデータを基に分析します。分析する際には，これまでに学習した「平均値」「中央値」「最頻値」を扱うようにします。スプレッドシート は，［データ］→［範囲］の並べ替えをすることで，簡単に中央値を求めることができるため児童は驚いていました。

結果　平均値　中央値　最頻値	
項目	結果
平均（平均値）	43.8分
中央値（メジアン）	45分
最頻値（モード）	60分

他の単元や教科への応用

　理科の自由研究ではそのまま活用することができます。理科のほかにも，家庭科や総合的な学習の時間における実験や調査活動で活用できるため，算数での学びが他教科に生かされていることを伝えることができるでしょう。

ここがポイント❗

- 自分たちの生活の中から，課題を見つけて，必要な情報を収集・整理・処理・分析し表現する学習活動において，コンピュータは大変強力なツールです。テンプレートを使うことで，学習活動に見通しをもつことができます。フォーム や スプレッドシート は，この学習までに使用する場面を意図的に設定し，児童が活用できるようにしておくとよいでしょう。

（吉田康祐）

column

Google スプレッドシートと Google App Script を使って ランダムなスライドを作る

Google スライド　　　　　　　Google スプレッドシート

[スライド] をフラッシュカードとして利用すると，児童の興味・関心を高めながら，知識の習熟を図ることができます。2年「かけ算」で，2の段の九九を順番に表示して暗唱する学習を紹介しました。順番を変えたり，2の段以外で試したりと，様々な活用方法が考えられます。コツコツと1枚1枚スライドを作成することもできますが，App Script というプログラミング言語を使うと，ランダムに表示順を変えたスライドを簡単に作成できます。ここでは，App Script で作られたスライド作成プログラムの使い方を紹介します。

■準備

（1）元となるスライド

　フラッシュカードの元となるスライドを用意します。1枚のスライドがあり，そこにテキストボックスが1つ配置されています。このスライドの URL が自動作成のために必要です。すべてをコピーしておきましょう。

（2）自動作成のためのスプレッドシート

　[スプレッドシート] に，自動作成に必要なデータを入力します。

①元となるスライドの URL を B1 セルに貼り付けます。

②これから作成するフラッシュカードのファイル名を B2 に入力します。

③作成順を決めます。「問題→答え」の順なら1を，「答え→問題」の順なら2を B3 に半角数字で入力します。

④A 列に問題，B 列に答えを入力します。データの入力は何行でも OK です。ただし，数が増えると作成に時間がかかります。

⑤すべて入力が完了したら，「フラッシュカード作成」ボタンをクリックします。はじめて実行するときは，承認・許可が必要になります。詳しい方法は，3年「3けたの筆算のしかたを考えよう（p.38）」を参照してください。

⑥うまく実行できれば，自分の [Google ドライブ]（通常であればマイドライブ）に②で入力したファイル名のスライドができています。エラーが発生している場合には，①〜⑤の作業を下線部に注意してもう一度やってみてください。

理科の学びを深めるクラウド活用

ポートフォリオ			
動植物の成長や季節の変化の観察記録などを，ポートフォリオとしてまとめる。デジタル化することによって，振り返りの充実を図る。	3年	植物を育てよう	スライド
	4年	月と星の位置の変化	
	4年	すがたを変える水	
	5年	天気の変化	
	5年	魚のたんじょう	
	5年	流れる水のはたらき	
	6年	植物と日光の関係	

分類			
画像やキーワードを共通点や差異点を基に分類できる。また，プログラミング的思考の育成を図る。	3年	ものを分ける	Jamboard
	6年	てこのはたらき	
	6年	水溶液の性質とはたらき	図形描画
	6年	電気のはたらき	スライド

描画			
粒子や熱の伝導などの目に見えない現象を，モデル図として描画することによって，思考の可視化を図る。	4年	もののあたたまり方	Jamboard
	6年	ろうそくが燃え続けるには	
	6年	食べ物を通した生きもののつながり	

協働			
他グループも含めた多くのデータを共有，可視化することによって妥当性のある考察をする力を育てる。	5年	電流が生み出す力	スプレッドシート
	5年	ものの溶け方	
	6年	電気のはたらき	スライド
	6年	人と空気との関わり	

STEM			
複数のツールと活用法を組み合わせることで、データ活用やプログラミングを取り入れたSTEM学習の推進を図る。	4年	すがたを変える水	スプレッドシート スライド

理科におけるクラウド活用の意義と方法

　1人1台端末とクラウドの活用は，調査活動，ポートフォリオ，分類・描画，協働活動に分類できます。それらは，データ活用やプログラミングを取り入れた教科横断型の STEM 学習にも発展します。以下では，分類ごとに理科学習における活用法とその意義を解説します。読み進めながら，クラウドの効果的な活用をイメージしてください。

１　調査活動

　理科学習の特徴の1つは観察，実験です。それらを写真やビデオによって記録することは，調査活動と言えます。また，インターネット検索も調査活動です。カメラ機能も検索機能も，1人1台端末の基本的な活用です。文房具の1つとして，過度な制約をせずに気軽に使わせたいものです。

（1）写真や動画機能を使った記録【カメラ機能】

　細部を観察する上でスケッチは大切です。しかし，場所や時間を変えてじっくり観察させたい，複数の対象を比較させたい，教室に戻り友達と対話させたいなど，写真による記録が適切な場面もあります。写真を拡大することで，新たな気付きが生まれることもあるでしょう。紫キャベツの色など，時間とともに変化する事象を記録するにはビデオが最適です。

　注意したいのは，観察すべき箇所を適切な画角で撮影しているかどうかです。撮影するという行為に安心してしまい，何のために撮影しているかを忘れてしまう児童が多いようです。今日の学習のねらいは何か，そのためにはどこをどのように撮影すべきなのかを考えさせましょう。学習の本質に迫るためのポイントです。

（2）インターネット検索【Google Chrome（ブラウザ）】

　理科は体験活動だけでなく，インターネットを使った調査活動も重要です。現在の天気図と雲画像から明日の天気を予想したり，授業で興味をもった化石について，授業外の時間に調べたりすることもあるでしょう。検索する情報は，文章だけでなく，写真や動画など様々です。画像検索など，それぞれに特化した検索法があります。試行錯誤をしながら検索をさせることで，目的の情報に迅速かつ的確にアクセスできるようになるでしょう。

　高学年は，得られた情報が信頼できるものであるかを意識させることが大切です。例えば，複数の情報源を比較しているのか，発信源は信頼できるのか，最新の情報なのかなどを確認させます。また，調べた内容を発表するときは，URL も一緒に公開させましょう。

2　ポートフォリオ

　動植物の成長や季節の変化は，中長期的に観察記録をまとめます。問題解決の過程は，ワークシートやノートにまとめてきました。これらはポートフォリオと言えるでしょう。ポートフォリオを作ることで，見方・考え方をより働かせることができます。また，ポートフォリオを振り返ることで，次の学びが改善されます。これまでは，スケッチや文章による観察記録が中心でした。デジタル化することで記録の情報量が増えます。保存や検索も簡単なので振り返りが充実します。

（1）ポートフォリオの素材作り【カメラ機能・Jamboard】
　カメラ機能を使った記録は，ポートフォリオの大切な素材です。写真には，描画機能を使って矢印や手書き文字を入れることができます。例えば，形や手ざわり，におい等の気付きを写真に追加すれば，振り返りが生き生きとするでしょう。撮影した写真を Google Jamboard の背景に設定すれば，手書き文字や付箋を使って気付きを加えることもできます。
　ポートフォリオの素材はデジタル情報だけではありません。手書きの観察記録や実験レポートなどのアナログ情報を撮影し，電子ファイル（写真）として保管することもできます。手書きの手軽さに，デジタルの長期の保管と検索機能が追加されます。学年をまたいだ振り返りも可能になるでしょう。

（2）ポートフォリオファイルの作成【スライド・ドキュメント・Jamboard】
　ポートフォリオは単に情報を収集するだけではありません。集めた情報を整理しながら，比較したり，関連付けたりすることで，学びが深まります。「比較」は理科の基本です。例えば，日当たりの違う学校と自宅の朝顔を「場所を変えて比較」したり，双葉の頃と現在の葉の様子を「時間をおいて比較」したりします。比較するためには，Google スライド や Google ドキュメント，Jamboard を使い，複数の写真を１つのスライドやフレームに配置するとよいでしょう。ポートフォリオ学習が軌道に乗れば，過去のポートフォリオと現在の学習を「関連付ける」こともできます。例えば，６年生の月の満ち欠けの学習では，４年生で作成した月の動きのポートフォリオを振り返り，これまでの学習と関連付けた予想を立てることができます。
　１つのファイルにポートフォリオをまとめることで，情報の共有も簡単になります。友達からコメントをもらうなど，他者評価も可能になります。ポートフォリオを児童が一から作成するのは大変です。また，それぞれが異なった書式で作成すると，共有した際に共通点や相違点を発見しにくくなります。ワークシートを用意するように，学習の流れを示したテンプレートを準備しましょう。

学年	単元	活用法	テンプレート
3 年	植物を育てよう	複数の季節の観察結果を 1 つのファイルにまとめることで，1 年間の成長の様子を振り返ることができます。写真に気付きを書き込むことも可能です。(p.68 参照)	
4 年	月と星の位置の変化	端末を自宅に持ち帰り，夕方の月を撮影します。写真を重ね合わせれば，月の時間的・空間的な変化の理解が促進します。(p.74 参照)	
5 年	天気の変化	雲の観察記録を 1 つのファイルにまとめることで，雲の形や動きの変化を考察します。日時，方角，天気など必要な情報も記録させましょう。(p.78 参照)	
5 年	魚のたんじょう	顕微鏡でメダカの卵を見つけたら，接眼レンズに端末のカメラを乗せ，撮影します。成長過程の異なる受精卵を撮影し，ファイルにまとめます。観察日時の順から成長の順に並べ替えることもできます。(p.86 参照)	
5 年	流れる水のはたらき	条件制御ができるように枠組みが用意されている。探究の流れに合わせたページ設定になっています。活動の最後に，探究の過程を振り返りましょう。(p.80 参照)	
6 年	植物と日光の関係	複数のステップがある活動です。活動を見通しながら，予想を立てましょう。予想と結果を比べながら考察します。どの状態の写真かがわかるように，写真の撮り方を工夫させましょう。(p.90 参照)	

3 分類・描画

　分類や描画による思考の見える化（外化，アウトプット，言語活動）は，児童自身が思考を整理したり，教師がその様子を見取ったりするのに役立ちます。互いに見せ合うことで，対話が活性化します。また，納得いくまで何回もやり直すことで思考がさらに整理されます。何度でも試行錯誤できるのがデジタルツールのよさです。

（1）分類【 Jamboard・スライド・図形描画 】

　理科では，共通点や差異点を基に分類することで，問題を見いだしたり，考察したりします。例えば，3 年の学習では，磁石につく・つかない，電流が流れる・流れないなどに，日用品（物体）カードを分類します。 Jamboard や スライド に日用品カードを貼り付け，分類させましょう。分類は，プログラミング的思考と関連します。例えば，透明な水溶液に溶けている物質を特定するには，複数のステップが必要です。 Google 図形描画 を使うことで，活動の見通しをフローチャートとして整理できます。予想と実験後の両方で作成し，共通点や相違点を確認させるとよいでしょう。そのためには，予想のスライドをコピーさせたり，画面キャプチャー（スクショ）させたりします。

　 Jamboard を活用する場合，分類の枠組みとなる背景を用意します。 スライド で作成し，画像形式でダウンロードするとよいでしょう。用意した画像を， Jamboard の背景に設定します。思考ツールを背景画像にすることもできます。例えば，エネルギーの学習では，発電種別の付箋を作り，ピラミッドチャートにまとめることで，これからのエネルギーについて議論することができ

ます。分類するカード（例えば，日用品カード）は，あらかじめ教師が用意するだけでなく，児童自らが撮影した写真や，コメントを記入した付箋を使うこともできます。

学年	単元	活用法	テンプレート
3 年	ものを分ける	1 ページ目は電気を通す・通さないの分類，2 ページ目は磁石につく・つかないの分類，3 ページ目は電気と磁石を総合した分類です。まずは個人で予想させましょう。日用品カードは実態に応じて追加削除してください。（p.70 参照）	
6 年	てこのはたらき	身近なてこを見つけ，写真を撮影します。写真に，支点・力点・作用点の記号を移動させます。三点の位置関係の違いから，てこを分類します。（p.82 参照）	
6 年	水溶液の性質とはたらき	5 つの透明な液体の入ったビーカーから，水の入ったビーカーを 2 回で見つけ出すパフォーマンス課題です。同定の方法をフローチャートにしました。フローチャートを完成させましょう。（p.94 参照）	

(2) 描画【Jamboard】

　理科の学習は，粒子や熱の伝導など目に見えない現象を扱うことがあります。モデル図として，それらのイメージを描画させることが多々あります。また，概念地図（コンセプトマップ，ウェビング）を作成し，現在の思考を可視化することもあります。

　分類と同じように，背景となる図（例えば，金属板）を用意しましょう。ペンツールや図形作成ツール，テキストボックスなどを使い，情報を書き込んでいきます。活動中の気付きは付箋に書き込むこともできます。

学年	単元	活用法	テンプレート
4 年	もののあたたまり方	金属や液体の温まり方を予想し矢印等で描画します。実験結果は別の色にするとよいでしょう。気付きを付箋に書き込むこともできます。（p.76 参照）	
6 年	ろうそくが燃え続けるには	実験前に，ろうそくの燃え方の予想を付箋に書き込みます。実験後は結果とともに，それぞれの集気瓶の中の空気の動きを描画します。（p.88 参照）	
6 年	食べ物を通した生物のつながり	カレーライスや水など身近な食べ物の概念地図（ウエビング）を行います。付箋に関連するキーワードを 1 つずつ書き，近い順に配置します。最後に，リンクを描画します。（p.98 参照）	

4　協働活動

　クラウド型のアプリの最大の特徴は共有機能です。メールでデータをやりとりするのでなく，同じファイルを同時に開き，共同で編集することができます。この機能により，これまでにない密度の濃い対話や，新しい形態の協働が期待できます。

（1）データや意見の共有と可視化【 スライド・スプレッドシート・Jamboard 】

　自分のグループだけでなく，他グループも含めた多くのデータから「妥当性のある」考察をすることは，科学本来の姿です。従来，各グループのデータをクラス全体で集約するのは，授業の最終場面でした。その時間になるまで，自分のグループのデータのみで考察します。他グループとデータの傾向が異なっている場合は，実験がうまくいっていないかもしれません。しかし，授業の最終場面でミスに気付いても，再実験をする時間はありません。共同編集機能を使い，実験活動中にデータを即時共有することで，それらを解決することができます。

　例えば，電磁石の学習では，引き付けられたクリップの数を，指定されたセルに入力します。他グループの結果もリアルタイムに更新します。共有できるのは数値だけではありません。 スプレッドシート にあらかじめ名簿付きの表を作成しておけば，活動の気付き，学習のまとめ，他者評価を文字で入力することもできます。一覧性の高い情報となり，児童の交流や教師の個別支援に役立ちます。また， Jamboard をグループで共有し，メンバーそれぞれが気付きを付箋に入力すれば，全員の意見を集約できます。複数の付箋をKJ法のように分類・整理することもできます。概念地図を協働で作ることも可能です。

　共同編集は，これまでにない協働の在り方なので，教師も児童も慣れが必要です。他グループのセルには入力しないなどのルールも必要になるので，活動しながら理解を深めていきましょう。

学年	単元	活用法	テンプレート
5 年	電流が生み出す力	電池の数を変える実験のタブと巻き数を変える実験のタブがあります。実験をしながら情報を更新させましょう。全グループの情報から考察させます。グラフも自動で作成します。(p.82 参照)	
5 年	ものの溶け方	食塩やミョウバンを溶かす前と後の関係，溶ける量と水の量の関係，溶ける量と温度の関係の3つのタブがあります。実験をしながら情報を更新させ，複数の情報から考察させます。(p.84 参照)	
6 年	電気のはたらき	電気をいろいろな性質に変えている道具を見つけ，写真を撮ります。写真を分類しながら，電気を光，熱，音，運動に変える道具があることを話し合います。(p.96 参照)	

（2）共同編集【 スライド・Jamboard・ドキュメント など】

　1人1台端末によって，グループのメンバーがそれぞれ異なった調査活動を分担して進めることができます。さらに，共同編集機能を使えば，調査結果を同時に1つのファイルにまとめることができます。これまでは，代表者の端末で制作活動をしていました。クラウドを活用すれば，全員が一度に制作に関わることができるので，時間の節約になります。 スライド では左横のサムネイル（縮小画面）から，自分以外の制作物を確認することもできます。自分の作品と友達の作品の関係を確認したり，話し合ったりしながら制作させましょう。もちろん，時間を超えた交流も可能です。

　 スライド は，グリッド（スライド一覧）表示にすることですべてのページを表示できます。児童ごとのページを作り，ページを指定して予想の描画や考察を記入させます。グリッド表示にすれ

ば，教師はクラス全体の進み具合や個別の特徴を把握できます。個別支援や指名計画に生かせます。

学年	単元	活用法	テンプレート
6年	人と空気との関わり	空気と人の暮らしに関するこれまでの学びを振り返ります。6年の学習だけでなく他の学年のポートフォリオもあればそれも活用させます。3ページ目からは，各メンバーがページを分担し，「二酸化炭素や空気を汚すものを出さない工夫」を調べて，まとめます。(p.100参照)	
6年	人と水との関わり	水と人の暮らしに関するこれまでの学びを振り返ります。「人と空気との関わり」と同様に，各メンバーがページを分担し，「水をできるだけ汚さない工夫」を調べて，まとめます。	
6年	人と植物との関わり	植物に関するこれまでの学びを振り返ります。「人と空気との関わり」と同様に，各メンバーがページを分担し，「水をできるだけ汚さない工夫」を調べて，まとめます。	

5 データ活用やプログラミングを取り入れた STEM 学習

1人1台端末とクラウドは，STEM学習にも適した環境です。複数のツールを組み合わせることで，理科学習にデータ活用やプログラミングを取り入れた学習が可能になります。

以下の事例は，児童が主体となって①から⑥の活動をしました。①水の状態変化を写真に撮影し スライド にポートフォリオする。②水の温度変化は，Chromebook に防水温度センサー（TFabWorks）付きの micro:bit（Micro:bit 教育財団）で測定する。③温度測定をプログラミングする。④測定結果を スプレッドシート に読み込む。⑤データをグラフ化して考察する。⑥学習成果を共有する。理科の学習の中に，複数の学びが埋め込まれています。GIGAスクールの環境に慣れたならば，このような教科横断型の学習にチャレンジしましょう。

学年	単元	活用法	
4年	すがたを変える水	水の状態変化の様子を写真で撮影するだけでなく，センサーとプログラミングで温度変化を記録します。その記録をグラフ化して考察します。(p.72参照)	

理科学習における1人1台端末とクラウドの効果的な活用をまとめました。他にも様々な活用が可能です。例えば， Google フォーム のテスト機能を使えば，カラー写真から鉱物を同定したり，動画から実験の注意点を答えたりする問題を作成できます。

これまでと同様に，観察，実験などの実体験を大切にしながら，クラウドツールの活用を工夫することで，より確実な学び，深い学びを目指しましょう。

（久保田善彦）

植物を育てよう

ポートフォリオ

Google スライド

■ 単元・本時のねらい

　複数の種類の植物を育てる中で成長の過程や体のつくりに着目し，それらを比較しながら調べることで，植物の育ち方や体のつくりについての理解を図ることができる。差異点や共通点を基に，問題を見いだす力や生物を愛護する態度，主体的に問題解決しようとする態度を身に付けることができる。本時では，栽培しているホウセンカとヒマワリを観察し，成長の過程を比較する活動を通して，植物の成長の過程の共通点や相違点を見いだすことができる。

》 学習の進め方

① 問題や課題をつかむ

　「子葉が出た後の植物は，どのように育っていくのだろう」

② 予想する

　これまでに記録したポートフォリオの内容や写真を振り返り，植物の成長の過程を予想する。

③ 観察する　テンプレ

　観察して気付いたことを記録したり，成長の過程を比較し，共通点や相違点を出し合ったりする。

④ まとめる

　ホウセンカとヒマワリの育ち方の比較から，植物の成長のきまりについてまとめる。また，本時以降の植物の育ち方について予想を書かせることで，次回の観察における視点をもたせておく。

》 テンプレートの解説

　テンプレートには，13 枚のスライドがあります。1 枚のスライドには，「日付」「天気」「植物の写真」「気づいたこと」など，観察記録に必要な項目が含まれます。また，植物の成長過程ごとにセクションを区切り，整理しています。今回は Google Classroom で［授業］→［課題］→［生徒にコピーを作成］で配付します。児童は配付されたスライドの表紙に個人の名前を入力します。Google ドライブ のフォルダのリンクも［資

料］に貼り付けておくと，友達のポートフォリオも見ることができます。

》テンプレート活用の様子

児童は， Classroom からリンクをクリックし，自分のスライドにアクセスします。まず初めに行ったのは，植物の撮影です。この時 Chromebook のカメラアプリで撮影すると，スライドに画像を貼り付ける手順が多くなり，使い始めの3年生は操作方法を覚えるのが困難です。そこで，スライドの［挿入］タブからカメラを起動し，撮影させると，撮影した写真を直接スライドに貼り付けることができます。この操作だけで，これまでのスケッチの工程は終了し，特徴を捉える活動に移ることができます。今回のように思考場面に時間をかけられるようになったのは，1人1台の端末の利点です。撮影した写真はトリミングしたり，拡大したりするなどの加工も簡単です。苦手な児童も，操作方法とレイアウトの取り方を教えれば上手に画像を加工できます。

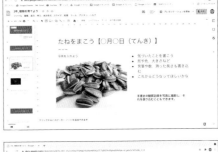

写真を貼り付けるだけでなく，ルーペを使って細かい部分を観察したり，定規を使って高さを測定したりします。撮影した写真の画面をピンチアウトして大きく表示し，実物の観察と比較する子もいました。ルーペの操作スキルを身に付けることも大切ですが，画像の拡大は誰でもでき，個人による違いも生じません。友達の観察と比較することも簡単です。観察したことはテンプレートの記入欄に入力します。

》他の単元や教科への応用

本テンプレートは定期的な観察場面で活用することができます。例えば，3年「生き物を育てよう」ではモンシロチョウの成長過程の記録に活用できます。天体分野においても，日にちを変えて同時刻で観察すると，月の満ち欠けの様子や季節ごとに見える星座を調べることができます。

ここがポイント❗

・栽培場所の違いによる比較や，芽が出たばかりの頃と現在との比較には，観察結果をポートフォリオにすることが有効です。
・長期間の栽培活動は，その都度気付きが生まれるため，学習の途中でも，互いのポートフォリオを通して観察や気付きを確認し合うことが大切です。

（棚橋俊介）

ものを分ける

分類

Google Jamboard

■ 単元のねらい

　電気の学習では，電気を通すつなぎ方と通さないつなぎ方があること，また，電気を通すものと通さないものがあることを理解することができる。磁石の学習では，磁石に引きつけられるものと引きつけられないものがあること，また，磁石の異極は引き合い，同極は退け合うことを理解することができる。さらに両学習を総合し，二つの観点でものを分けることができる。

≫ 学習の進め方

1.「電気を通す／通さない」で分類（電気の学習）

① 問題や課題をつかむ

　「どのようなものが電気を通すのだろうか」

② 予想する　テンプレ

　生活経験を基に，物質が電気を「通す」か「通さない」かを予想する。グループで相談しながら，Jamboard 上のものを分類する。

③ 実験し，結果から考察する

　回路にいろいろなものをつなぎ，電気が流れるのかを確かめる。Jamboard 上の物質を実験結果に合わせて動かしながら，予想と結果の違いを理解する。

2.「磁石に引き付けられる / 引き付けられない」で分類（磁石の学習）

・電気の学習と同様に，磁石に引き付けられるものと引き付けられないものについて学習する。電気を通さないものは，すべて磁石に引き付けられないことを確認する。　テンプレ

3. 電気，磁石の学習を統合して分類（発展学習）

① 問題や課題をつかむ

　「電気を通すかどうか，磁石に引きつけられるかどうかでものを分けよう」

② 分類する　テンプレ

　これまでの学習を思い出し，ものを分類する。結果をクラスで交流する。

≫ テンプレートの解説

　テンプレートには Jamboard が3フレームあります。1～2フレームは「電気を通す / 通さない」と「磁石にひきつけられる / ひきつけられない」を分類するフレームで，身近なものの画像は自由に動かすことができます。3フレーム目は，電気と磁石の学習を統合するフレームです。複

数の分岐があるので，プログラミング的思考が養えます。

　グループごとに操作させる場合は，グループ数のファイルのコピーを作り，それぞれのファイルを［このリンクを知っているこのグループのメンバー全員が編集できます］に設定し，すべてのリンクを。 Google Classroom の［ストリーム］や［資料］に投稿します。個別に描画させる場合は， Classroom の［授業］→［課題］→［各生徒にコピーを作成］で配付します。 Google ドライブ のフォルダのリンクも［資料］に貼り付けておくと，友達の考えも見ることができます。

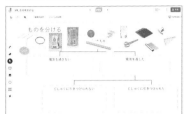

》》 テンプレート活用の様子

　児童は，あらかじめ配付された Jamboard のファイルを開き，そこに示されたものを分類します。最初は児童自身の生活経験を根拠に，仲間分けを行います。「色が関係していると思う」「材料が鉄だから通すと思う」というような発言を取り上げるとともに，判断の根拠を示す付箋を貼るとよいでしょう。

　実験後に，予想と異なる結果になったものを移動させます。活動に慣れた児童であれば，撮影した写真を Jamboard に貼り付けることで，テンプレートにないものも分類できます。気付きや驚きがあったことも付箋に記入させます。まだ文字入力に不安がある場合には，「手書き入力」機能を利用することもできます。

　予想と結果のフレームを別にして，比較することもできます。あらかじめ予想のフレームをコピーし，そこに結果を反映させましょう。

　電気と磁石の学習の後には，二つの学習をまとめます。これまでの実験結果を Jamboard で振り返り，話し合いながら分けていきます。

》》 他の単元や教科への応用

　「仲間分け」という学習活動は，様々な教科や単元で行われます。例えば，3年「昆虫かどうか」，5年「メダカの雌雄」の学習活動が想定されます。また，国語科でも部首ごとに漢字を分けたり，1年生ではひらがなを並び替えたりなど，日常的な活用場面が多く想定されます。

ここがポイント❗

・グループのメンバーで一つの端末を操作することで，話し合いが活性化し，差異点や共通点の発見につながります。
・結果は自動的にクラウドに保存されるため，単元をまたいだ活動を展開しやすいです。

（久川慶貴）

すがたを変える水

 STEM
 ポートフォリオ

Google スライド　　Google スプレッドシート

■ 単元のねらい

　水の性質を調べる活動を通して，温度を変化させたときの水の体積や状態の変化について，既習の内容や生活経験を基に根拠のある予想や仮説を発想・表現するとともに，主体的に問題解決しようとする態度を身に付けることができる。

≫ 学習の進め方

① 問題や課題をつかむ

　「水を冷やし続けると，温度や様子はどうなるのだろう」

② 予想する

　これまでの生活経験や既習内容を基に，根拠のある意見を出し合う。

③ 実験する

　micro:bit と micro:bit 用防水温度センサー（TFW-TP2：以下 TP2）を使って温度を測定する。

④ 結果をまとめる　　テンプレ

micro:bit からダウンロードした実験結果を スプレッドシート で開き，グラフ化する。また水の様子を スライド にまとめる。

＊水の三態変化を１つのグラフにまとめる。

≫ テンプレートの解説

　テンプレートには，２枚のスライドあります。表には「時間」「写真」「水の様子」の３つのトピックを入れました。今回はグループで１つのファイルを共有し，ファイルの名前はグループ名にしました。グループ数のファイルのコピーを作り，それぞれのファイルを［このリンクを知っているこのグループのメンバー全員が編集できます］に設定し，すべてのリンクを Classroom の［ストリーム］や［資料］に投稿します。

≫ テンプレート活用の様子

　この実験ではプログラミングツールの micro:bit に温度センサーをつなぎ，水温の定時変化を測定します。今回は Tfabworks の「STEM」ブロックも使用するため，https://tfab.jp/stem からプログラミングサイトにアクセスします。

プログラムには，測定した温度をグラフ化するために「シリアル信号（"X"）＝（0）」のブロックを使用しました。（X）の部分はグラフのX軸のタイトルになるため，（"ondo"）に書き換えました。（0）の部分は測定温度になります。温度測定にはTP2を使用するため，「STEM」ブロックの「温度［℃］（TP2）」を選択し，置き換えました。温度測定は1分おきに行うこととし，一時停止（ミリ秒）＝（60000）」としました。

児童は Classroom から自分のグループのリンクをクリックします。メンバーで実験操作，温度測定，写真撮影，記録などの役割を分担して実験を行います。1分おきに温度が測定されるので，温度がパソコンに記録されたら，水の状態を写真に撮ります。記録係の児童は撮影した写真をトリミングして表の中にあてはめたり，水の様子をテキストで打ち込んだりして整理します。

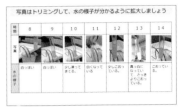

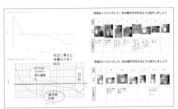

また，micro:bitで測定した温度は専用サイトでダウンロードすることができます。ダウンロードしたデータを スプレッドシート で開いてグラフ化します。また， スプレッドシート の画面右上の［共有］ボタンを押して，友達のアドレスを打ち込むと，グループで共有もできます。

作成した表やグラフのスクリーンショットを撮影し，1枚のスライドにまとめます。気付いたことをテキストで書き足したり，グラフに吹き出しや矢印を挿入したりして，温度変化の特徴を考察します。

教師は，児童のスライドを大型提示装置で提示し，学習をまとめます。なお，他のグループのリンクから，友達の結果や考察をみることができます。早く終わった児童には，友達のスライドにアドバイスや感想などをコメントさせると教え合いも促進されるでしょう。

》他の単元や教科への応用

3年「地面の様子と太陽」では，これまで日なたと日陰の温度を測定することができませんでした。micr:bitを使えば，日なたと日陰の変化とともに，温度の変化も確かめることができます。

ここがポイント❗

・実験データを写真と文章で残せます。この資料を共有することで，考察や友達との学び合いが促進されます。
・プログラミングツールを活用することで，実験の条件を揃えることができます。
・実験操作やデータ処理の効率性が向上し，より正確なデータで考察できます。

（棚橋俊介）

ポートフォリオ

Google スライド

④ 年

月と星の位置の変化

■ 単元のねらい

　月や星の位置の変化に着目して，それらを関係付けながら月や星の特徴を調べる活動を通して，理解を図り，観察，実験などに関する技能を身に付けるとともに，主に既習の内容や生活経験を基に，根拠のある予想や仮説を発想する力や主体的に問題解決しようとする態度を身に付けることができる。

》 学習の進め方

① 問題や課題をつかむ

　「時間がたつと，月の位置はどのように変化するのだろうか」

② 予想を話し合い，観察計画を立てる　テンプレ

　観察に使用するテンプレートの説明をする。

③ 観察する　テンプレ

　Chromebook を家庭に持ち帰り，自宅のベランダ等で1時間ごとに月を撮影し，スライドに挿入して編集する。

④ 結果をまとめる

　観察結果から月の位置の変化についてわかったことを，グループごとにまとめる。

》 テンプレートの解説

　テンプレートには，5枚のスライドがあります。1枚目は表紙です。2〜4枚目には，自宅で撮った月の写真を挿入します。目印（お店の看板など）のところに青色の矢印を移動し，月のところに黄色の矢印を移動します。最後に，方位を移動します。図形を配置したのは，観察のポイントを意識できるためと，観察結果をわかりやすくするためです。ま

た，観察情報と気付きを，「観察場所」「月の形や模様」「気が付いたこと」の枠に記入します。

　スライド5枚目のまとめには，1時間おきに撮影した写真を重ねて挿入します。そして，スライドの［書式設定オプション］→［調整］→［透明度］から，すべての写真の透明度を80％にします。そうすることで，3枚の写真を重ねて見ることができます。2〜4枚目と同様に，月の図形

（黄色の丸）と時間のテキストボックスをそれぞれの位置に移動したり，方位を移動したりします。

　このテンプレートは，授業前か授業の冒頭に，(Google Classroom) の［授業］→［課題］→［各生徒にコピーを作成］で配付します。(Google ドライブ) のフォルダのリンクを［資料］に貼りつけておくことによって，学級全体で共有することもできます。

》 テンプレート活用の様子

　夜の月の観察は，家庭学習とします。テンプレートの操作についての指導は事前に学校で行いましょう。Chromebook を使った家庭学習を行うためには，疑問を学校で解決しておくことが大切です。また，観察の注意点も伝えます。「同じ場所から撮影すること」「目印をだいたい同じ位置に入れること」に加えて，夜間の写真撮影を成功させる工夫として「窓のサンやベランダの手すりなどを使って手ぶれをなくすこと」も伝えました。天気の影響も受けるので，家庭学習の期間は教師が指定します。私は，月が観察しやすいように晴れた満月の日を指定しました。

　児童は Chromebook を家庭に持ち帰り，(Classroom) から自分の課題のリンクをクリックし，(スライド) を開きます。

　上のスライドを作成した児童は，午後 6 時 10 分の写真を撮影し，1 枚目に挿入しました。目印は，大型商業施設の看板です。2 枚目，3 枚目も，1 時間おきに同じように行います。

　学校では，教師用の Chromebook を使って大型提示装置に表示しながら，学級全体で月の動きのまとめを行いました。

》 他の単元や教科への応用

　本テンプレートは，6 年「夕方の月の形と位置」の観察にも使えます。満ち欠けした月の画像をテンプレートに貼り付けることで，わかりやすくなります。さらに，4 年「一日の月の動き」と 6 年「夕方の数日間の月の動き」の違いを比較することもできます。

ここがポイント❶

- 多くの自治体で端末の持ち帰りが始まっています。この活動で，保護者の ICT 活用に関する理解も深まるでしょう。
- 家庭の通信環境が心配な場合は，オフラインで編集をすることもできます。学校のネットワークに接続したときに，データをクラウドにアップロードさせましょう。

（浅井公太）

4 年

もののあたたまり方

描画

Google Jamboard

■ 単元のねらい

　金属，水及び空気の性質について，熱の伝わり方に着目し，温度の変化と関連付けて調べる活動を通して，それらについての理解を図り，観察，実験などに関する技能を身に付けるとともに，主に既習の内容や生活経験を基に根拠のある仮説を発想する力や主体的に問題を解決しようとする態度を身に付けることができる。

》 学習の進め方

① 問題や課題をつかむ

　「金属のぼうや板の一部を熱したとき，金ぞくはどのようなあたたまり方をするだろうか」

② 予想（描画）する　テンプレ

　金属の棒や板はどのように温まるのかを予想して，グループごとに相談する。グループの考えを Jamboard に書き込む。

③ 実験する

　金属の棒や板にろうをぬり，アルコールランプで加熱する。

④ 結果をまとめる　テンプレ

　実験の結果を Jamboard に書き込み，予想と比較する。結果からわかったことをまとめる。

＊「水の温まり方」や「空気の温まり方」でも Jamboard を使って活動を行う。その後，金属，水，空気の温まり方を比べ，その特徴を考える。

》 テンプレートの解説

　テンプレートには Jamboard が3フレームあります。金属棒や試験管の画像を Google スライド でレイアウトし，JPEG で書き出したものを背景にしています。今回はグループで1つのファイルを共有し，名前はグループ名にしました。

　グループ数のファイルのコピーを作り，それぞれのファイルを［このリンクを知っているこのグループのメンバー全員が編集できます］に設定し，すべてのリンクを Google Classroom の［ストリーム］や［資料］に投稿します。個別に描画させる場合は，Classroom の［授業］→［課題］→［各生徒にコピー

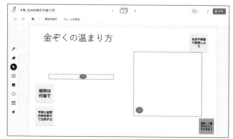

を作成］で配付します。 Google ドライブ のフォルダの
リンクも［資料］に貼り付けておくと，友達の考えも見
ることができます。その他に， Jamboard 画面右上の
［共有］ボタンを押して，同じグループの友達のアドレ
スを打ち込むと，特定の友達と共有することができます。

テンプレート活用の様子

　児童は Classroom から自分のグループのリンクをク
リックします。メンバーで話し合いながら，金属の棒や
板がどのような温まり方をするのかを，タッチペン機能
を使って矢印で書き込みました。複数の矢印がある場合
は，その順番に番号を付けさせるとよいでしょう。予想
は青で描画させました。

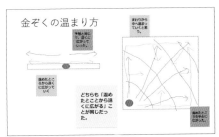

　矢印には，児童なりの根拠があります。「お風呂の追
い炊きは上から熱くなるから」「試験管では上から温
まったから」などと生活経験と関連させた根拠を青の付
箋に書き込むようにします。

　実験の様子は，Chromebook のカメラで撮影し，結
果を考えるときの資料にします。結果は，赤で書かせま

した。予想と結果の描画を確認し，わかったことを赤の付箋に書き込みます。

　教師は各グループのシートを大型提示装置で提示し，学習をまとめます。早く進んでいるグルー
プには，他のグループの考えも確認させるとよいでしょう。

他の単元や教科への応用

　「とじこめられた空気と水」「ものの温度と体積」では，水や空気の粒子概念をもたせるイメージ
化として， Jamboard の描画機能が活用できます。また，空気や水ごとにシートを作成すると，
物質ごとに比較することもできます。

ここがポイント❗

・ Jamboard でフレームを共有することで，メンバー全員が同時に書き込むことができます。矢印
　は同じでも，その根拠となる生活経験が異なることも多々あるため，それらを交流することは，深
　い学びの第一歩です。
・矢印の色を変えることで，予想と結果の違いを考察できます。また，複数のフレームを順に確認す
　ることで，小単元間の違いを考察することも簡単です。

（棚橋俊介）

ポートフォリオ

Google スライド

天気の変化

■ 単元・本時のねらい

　雲の量や動きに着目して，それらと天気の関係とを関連付けて，天気の変化の仕方を調べる活動を通して理解を図り，観察などに関する技能を身に付けるとともに，主に予想や仮説を基に解決の方法を発想する力や主体的に問題解決しようとする態度を身に付けることができる。本時では，天気の変化と雲の様子にはどのような関係があるのか考察することができる。

》 学習の進め方

① 問題を見いだす

　晴れと雨との空の写真を比較しながら話合いを行い，問題を見いだす。

② 問題や課題をつかむ

　「天気の変化と雲の様子には，関係があるのだろうか」

③ 予想し，実験を計画する

　これまでの生活経験と関連付けながら，時間の変化に伴う雲の動きや様子の変化を予想する。

④ 観察し，記録する　（テンプレ）

　変える条件（時間）と変えない条件（観察場所と方角）を確認し観察する。写真を スライド に貼り付け，時間の流れに沿って整理する。

⑤ 結果を比較する　（テンプレ）

　 スライド のポートフォリオを振り返りながら，時刻と雲の様子の関係について考察する。

》 テンプレートの解説

　テンプレートには，5枚のスライドが含まれています。1枚目は名前を記入し，2～4枚目は一日の天気の変化について写真を貼り付けたり雲の様子を記録したりして，3日間の観察をまとめることができます。数を増やしたり，複数の方位を観察したりする場合は，各自でスライドをコピーします。5枚目は考察を記入します。

　機器の操作に慣れている場合は，個人へ配付します。 Google Classroom の[授業]→[課題]→[各生徒にコピーを作成]で配付します。単元終了後には，完成したファイルを提出させます。操作に慣れていない

ときには，グループごとにまとめます。グループ数のファイルのコピーを作り，それぞれのファイルを［このリンクを知っているこのグループのメンバー全員が編集できます］に設定し，すべてのリンクを Classroom の［ストリーム］や［資料］に投稿します。

≫ テンプレート活用の様子

はじめに，変える条件（時間）と変えない条件（観察場所と方角）を考え，写真の撮影法を決めます。活動の見通しを十分に検討した上で，野外観察に行きます。今回は，グループごとに同じ場所を設定したため，グループの友達と写真の撮り方を相談したり，気付いたことをその場で交流したりする姿が見られました。中には，メンバーがそれぞれの方角の写真を撮ることで4方位の記録を同時に撮るグループもありました。風の強い日には，雲の動きを動画で撮影する様子も見られました。

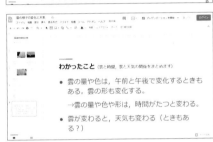

撮影した写真はスライドに貼り付け，表に天気や雲の量，色や形，雲の動きを記録します。時間を変えて，数日間観察させましょう。休み時間などを使い，個人で取り組みます。理科は直接体験が大切なので，写真だけから判断せずに，直接観察した気付きを入力させました。端末の操作に慣れているのであれば，その場でテンプレートを開き，撮影した雲の写真の貼り付けや記録を入力させます。慣れていない場合は，写真は端末に保存し，時間等の記録は紙に記録し，別時間に入力します。

写真を並べて貼り付けることで空間的・時間的な変化を検討させます。また，数日間記録をすることで，天気や雲の様子の違いも考察できます。 Classroom 上にすべてのグループのスライドを一覧にすることで，他の結果も参照できるため，表現の工夫を友達と共有することができます。

≫ 他の単元や教科への応用

観察結果をポートフォリオ化する活動は，学年を問わず活用することができます。見出しを変えるだけで，3年「太陽と地面の様子」，5年「植物の発芽，成長，結実」，6年「植物の養分と水の通り道」で活用できます。また，生活科では「野菜日記」などの記録も考えられます。

ここがポイント❗

・雲の大きさ，形状や色，動きの速さを記録するには，画角が統一されたデジタルカメラが最適です。短時間で観察記録を作成できれば，考察などの話合いに十分な時間を確保できます。
・グループごとに撮影場所を同一にすると，4方位を撮影するなどの工夫が見られます。

（杉山　葵）

流れる水のはたらき

ポートフォリオ

Google スライド

■ 単元のねらい

　地面を流れる水や川の働きについて興味・関心をもって追究する活動を通して，流水の働きと土地の変化の関係についての理解を図るとともに，条件を制御して調べる力を身に付けることができる。

》 学習の進め方

① 問題をとらえる

　「流れる水の働きは，どのようなはたらきがあるだろうか」

② 実験方法を考える　　テンプレ

　流れる水が地面をどのように変えるのかについてグループごとに相談し，傾きと水の量の違いによる実験の計画を立てる。計画は　スライド　に書き込む。

③ 実験する

　土山や流水実験装置を使って実験する。傾きの違う場所で水を流したり，流す水の量を変えたりして，流れる水の働きの違いを観察する。

④ 結果をまとめる　　テンプレ

　実験の結果を　スライド　に書き込み考察する。実験結果からわかったことをまとめる。

》 テンプレートの解説

　本テンプレートは，流水実験装置（プランターのトレイ）を使った実験用です。校庭の土山で実験をする際は，テンプレートを修正してください。

　6枚のスライドがあります。1枚目はグループの番号やメンバーの名前を記入します。2枚目以降は問題解決の過程に沿って，「実験の方法」「結果」「考察」を記入します。実験方法と考察は，それぞれ「斜面の傾き」と「水の量」が区別されています。教科書の流れに沿った実験内容です。

制御すべき条件が他にもある場合は，適宜スライドを追加させます。今回はグループで一つのファイルを共有します。そこで，ファイルをグループの数だけコピーし，名前はグループ名にします。グループ数のファイルのコピーを作り，それぞれのファイルを［このリンクを知っているこのグループのメンバー全員が編集できます］に設定し，すべてのリンクを　Google Classroom

の［ストリーム］や［資料］に投稿します。

》 テンプレート活用の様子

　まずは，実験装置の見本から，実験方法を考えます。次に，Classroom から自分のグループのリンクをクリックします。実験方法のスライドには，変える条件と変えない条件が表になっています。メンバーで話し合いながら，その枠に条件と実験方法を記入します。枠があることで，条件制御を意識した計画を立てることができました。水が通る筋は，実際の川を思い出し，カーブを付けている様子も見られました。時間があれば，他のグループの計画も確認させるとよいでしょう。

　実験の様子は，Chromebook のカメラで撮影します。実験前に，記録すべきポイントはどこなのかを確認させるとよいでしょう。写真だけでなく動画の記録が効果的な場面もあるので，児童に考えさせるとよいです。

　気付いたことを，吹き出しでスライドに書き込みます。吹き出しの色を児童によって変えることで，誰が書き込んだのか一目でわかるようにしました。

　教師は，各グループのスライドを大型提示装置で提示し，学習をまとめます。早く進んでいるグループには，他のグループの結果や考察を確認させましょう。

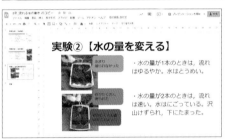

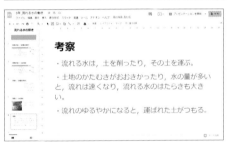

》 他の単元や教科への応用

　5 年「発芽と成長」や 6 年「物の燃え方」のように，異なる条件下における実験結果を比較する単元においては，同様の活用が可能です。

ここがポイント❗

- 「予想や仮説を基に，実験方法を発想すること」「条件を制御した実験ができること」というねらいに沿った学習が展開できます。
- 他のグループの実験計画や結果を参考にすることで，自分の実験を見直し，学びが深まる様子も見られるでしょう。

（大久保紀一朗）

電流が生み出す力

協働

Google スプレッドシート

■ 単元・本時のねらい

　電流の大きさや向き，コイルの巻数などに着目して，これらの条件を制御しながら，電流がつくる磁力を調べる活動を通して理解を図り，実験などに関する技能を身に付けるとともに，主に予想や仮説を基に解決の方法を発想する力や主体的に問題解決しようとする態度を身に付けることができる。本時では，電流の大きさや導線の巻き数などの条件に注意しながら定量的に調べ，結果を記録することができる。

》 学習のすすめ方

① 問題や課題をつかむ

　「電磁石を強くするには，どうすればよいだろうか」

② 予想する　 テンプレ

　電池の数（電流の大きさ）を変えたとき，コイルの巻き数を変えたときの引きつけられるゼムクリップの数の多少を予想し， スプレッドシート に記入する。

③ 実験する　 テンプレ

　「電流の大きさを変えたとき」と「コイルの巻き数を変えたとき」のそれぞれでつり上げた鉄のゼムクリップや釘の数を調べる。実験結果を スプレッドシート に記入する。

④ 結果をまとめる　 テンプレ

　すべてのグループの結果から考察する。

》 テンプレートの解説

　テンプレートには， スプレッドシート が2シートあります。1シート目は，乾電池の個数を変える（その他の条件は変えない）実験です。2シート目は，コイルの巻き数を変える実験です。それぞれの表には，グループごとに結果と考察を書き込む行があります。また，表の下には自動でグラフが作成されるため，グラフを作成する必要のない場合は削除します。

　クラスで1つのファイルを共有します。 Google Classroom の［授業］→［課題］→［生徒はファイルを編集可能］で配付します。最後にポートフォリオ化したい場合は，ファイ

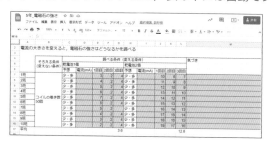

ルのコピーを作成し，個人の Google ドライブ に保存します。

≫ テンプレート活用の様子

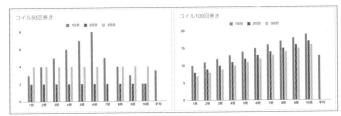

コイルの巻き数を変えると，電磁石の強さはどうなるかを調べる

そろえる条件（変えない条件）	調べる条件（変える条件）								気づき
	コイル50回巻き				コイル100回巻き				
	予想	1回目	2回目	3回目	予想	1回目	2回目	3回目	
1班	少・多	3	2	4	少・多	10	8	7	コイル100回巻きの方がくっつくクリップの量が多い。
2班	少・多	4	2	4	少・多	11	9	8	コイル50回巻きに比べ，コイル100回巻きの方がくっつくクリップの量が多い。
3班	少・多	5	2	4	少・多	12	10	9	コイル100回巻きの方がくっつくクリップの量が多い。それだけでなく，コイル
4班	少・多	6	2	4	少・多	13	11	10	50回巻きの約2倍の量のクリップが100回巻きではくっついている。
5班	少・多	7	2	4	少・多	14	12	11	コイル100回巻きの方がくっつける力が強い。
6班	少・多	8	2	4	少・多	15	13	12	コイル50回巻きの方がくっつける力が弱い。
7班	少・多	5	2	4	少・多	16	14	13	コイル100回巻きは1回目から3回目になるにつれてくっつくクリップの量が
8班	少・多	4	2	4	少・多	17	15	14	コイル100回巻きは，何回も実験をするとくっつける力が弱くなるのかな。
9班	少・多	3	2	4	少・多	18	16	15	
10班	少・多	2	2	4	少・多	19	17	16	電流が大きいほど電磁石の強さは強くなる。
平均			3.551724138				12.83333333		

コイル50回巻き　■1回目 ■2回目 ■3回目

コイル100回巻き　■1回目 ■2回目 ■3回目

5年で重視したい考え方は「条件制御」です。まず初めに，変える条件と変えない条件を確認し，その実験方法を考えさせます。その後， Classroom の［課題］から スプレッドシート を開き，グループで予想したことを記入します。他のグループの予想も一目でわかるのがクラウドのよさです。他のグループの行も編集できてしまうため，自分のグループの場所のみを編集するように注意しましょう。実験の結果はその都度入力させます。リアルタイムに変わる数値から他のグループの傾向を読み取る児童もいます。他グループの傾向と異なる場合は，自発的に再実験を始めることもありました。

児童は，前時（電池の数の変化）で平均の計算やグラフの作成を手作業で行っています。本時は，結果を打ち込むだけで平均値が計算され，グラフが作成されることに驚くでしょう。まずは，自分たちの結果とグラフがリンクしていることを確認させましょう。

すべてのグループの結果が出揃ったら，考察をします。各グループが入力した値や平均値，グラフから，全体の傾向を読み取るよう指示しましょう。児童は，コイル100回巻きの方がコイル50回巻きより電磁石の強さが強くなっているだけでなく，ゼムクリップの数の規則性も見つけようとしていました。新たな気付きや疑問も書き込んでいくことで，クラス全体に共有されます。

≫ 他の単元や教科への応用

スプレッドシートに，あらかじめ名簿付きの表をつくり，全員で共有すれば，学習のまとめや他者評価ができます。これは，どの教科でも活用できます。

ここがポイント❗

- 各グループの実験結果や考察がリアルタイムに確認できることで，クラスが一つの課題に向かって学んでいるという一体感が生まれます。また，活動中に情報が共有できるので，授業の最後の板書によるまとめが省けます。
- 実験のミスにもすぐに気付き，改善できます。他グループの情報から自己調整をする様子がみられます。

（福井美有）

もの溶け方

■ 単元のねらい

　物が水に溶ける量や様子に着目して，水の温度や量などの条件を制御しながら，物のとけ方の規則性を調べる活動を通して，それらについての理解を図り，実験などに関する技能を身に付けるとともに，主に予想や仮説を基に解決の方法を発想する力や主体的に問題解決しようとする態度を身に付けることができる。

》 学習の進め方

① 問題や課題をつかむ
　「水にとけて見えなくなった食塩は，どうなったのだろうか」

② 予想する
　水に溶けて見えなくなった食塩がどうなったのか予想して，グループごとに相談する。

③ 実験する　テンプレ
　水に溶けて見えなくなった食塩のゆくえを調べるために，食塩を溶かす前後で重さをはかり，実験結果を スプレッドシート に書き込む。

④ 結果をまとめる　テンプレ
　実験結果からわかったことをグループで話し合い，「気づき」の欄にまとめる。

＊「とける量と水の量」と「とける量と水の温度」の関係でも同じ活動を行う。その後，水の量と温度を比較し，考察する。

》 テンプレートの解説

　テンプレートには，スプレッドシート が 3 シートあります。1 シート目は食塩やみょうばんを溶かした前後の重さを比べ，2 シート目は水の量の違いと溶ける量を比べ，3 シート目は水の温度の違いと溶ける量を比

べます。各グループの結果を入力する表があり，表に数字を入れると自動的にグラフに反映されます。

　クラスで一つのファイルを共有します。 Google Classroom の［授業］→［課題］→［生徒はファイルを編集可能］で配付します。最後にポートフォリオ化したい場合は，ファイルのコピーを作成し，個人の Google ドライブ に保存します。

≫ テンプレート活用の様子

　この学習には3つの実験があります。それぞれの変える条件，変えない条件が異なります。混乱しないように，十分に確認させましょう。

　グループで予想を立てたら， Classroom の［課題］から スプレッドシート を開きます。実験結果はその都度 スプレッドシート に記録します。

　「気づき」には，実験最後の考察ではなく，実験中の気付きを記入させ，考察の根拠としました。「他のグループも重さが変わっていないね」「私たちのグループは1gの差が出たけど，他のグループを見ると誤差として考えてよさそうだね」との発

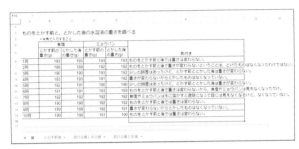

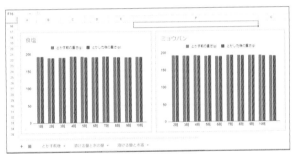

言が見られました。他のグループの実験も含めて分析することで，信憑性が高まり，自信をもって考察できます。

≫ 他の単元や教科への応用

　3年「ものの重さをくらべよう」でも使えます。「重さ」は「粒子」の概念を柱とする内容であり，さらに「粒子の保存性」の系統に位置付けられているため，重さが変わらないことを数値として可視化させると，児童が理解しやすくなるでしょう。

ここがポイント❗

・表の入力結果からグループの活動状況がわかるので，教師は，それを手がかりに机間指導ができます。
・「気づき」を実験中に共有したことで，学習のまとめをする前にクラス全体の気付きとすることができるため，教師はこの情報から授業のまとめや指名の計画を立てることができます。

（福井美有）

魚のたんじょう

ポートフォリオ

Google スライド

■ 単元のねらい

　魚の発生や成長に興味・関心をもち，卵の中の変化について，継続的に観察を行い，時間の経過と関係付けて調べながら，得られた結果を基に考察し，表現するなどして主体的に問題を解決しようとする態度を身に付けることができる。

》 学習の進め方

① 問題や課題をつかむ

「メダカの受精卵は時間が経つにつれてどのように変化するのだろう」

② 観察・記録する　テンプレ

　双眼実体顕微鏡，解剖顕微鏡の使い方を確認する。各グループに採取させた受精卵を，今後の変化の予想をもたせながら継続して観察させる。写真やスケッチで観察結果を記録する。時間の経過に伴う変化がわかるように，観察結果と気付きは，スライド に時系列に並べさせてポートフォリオ化する。

③ 結果をまとめる　テンプレ

　これまで観察してきた卵の様子を スライド のポートフォリオで確認しながら，わかったことをまとめる。

④ 考察する

　ポートフォリオを振り返りながら，時間の経過と卵の様子に着目して，考察する。

》 テンプレートの解説

　テンプレートには8枚のスライドが含まれています。1枚目は名前を記入します。2枚目はひれを書き込み，メダカの雄雌を確認します。3〜6枚目は，卵の様子について写真を貼り付けたり，卵について気付いたことを記録したりします。必要に応じてスライドを増やします。7枚目は，写真を成長の順に並べて整理します。これは難しい作業なので，うまくできない場合はカットしましょう。8枚目は，受精卵のふくろや子メダカの腹の膨らみから，育つための養分について考えます。テンプレートは Google Classroom で配付します。グループごとに記録を取る場合は，グループ数のファイルのコピーを作り，それぞれのファイルを［このリンクを知っているこのグループのメンバー全員が編集できます］に設定し，すべてのリンクを Classroom の［ストリーム］や［資

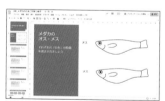

料］に投稿します。各自で観察させたい場合は，［授業］→
［課題］→［各生徒にコピーを作成］で配付します。

》 テンプレートの活用の様子

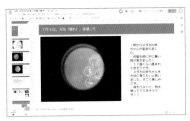

　飼育して数日すると，メダカが卵を産み始めます。子供た
ちは，水槽には雄と雌のメダカがいると予想し，それぞれを
探し始めました。そこで，雄と雌の違いを学びます。スライ
ドのメダカにひれの特徴を書き込ませました。その後，自分
のグループのメダカの雌雄を確認しました。

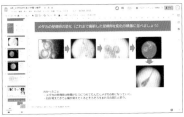

　数日経つと，卵の中のメダカに目が見えてきたり，子メダ
カが孵化したりします。生まれてこないメダカの卵もあるた
め，受精卵について学習します。受精卵はどのように変化す
るのだろうかという疑問を取り上げ，課題としました。水に
揺られた付着毛や，心臓の動きなど，卵の中を観察した後，
接眼レンズに端末のカメラを乗せ，撮影します。画面に大き
く卵が映ることで，対話が活性化します。利用している端末

では，反射鏡を使用せず，暗くした状態で撮影すると写真が鮮明に映りました。撮影した写真はス
ライドに貼り付け，テキストボックスに観察結果を記録します。スライドをまとめる作業と並行し
てスケッチを行うことで，卵のより細かな部分まで観察することができました。数日間，卵の様子
を観察させます。

　数日間の記録を行った後に，それぞれの写真を変化の順番に並べ替えます。これまでのスライド
に貼り付けた写真をコピーし，7枚目のスライドに並べ替えをしました。

　最後に，受精卵の観察後，たまごのふくろや子メダカのふくらみを観察します。共通性・多様性
の視点で捉えるために，植物や人間と比較をしながら8枚目のスライドに考察させました。

》 他の単元や教科への応用

　観察結果をポートフォリオ化する活動は，生命の連続性を実感するための方法として最適です。
例えば，3年「身の回りの生物」では「モンシロチョウの育成日記」として，4年「季節と生物」
では四季の変化を「My Tree日記」として活用することが考えられます。

> ### ここがポイント❗
> ・継続的な観察を行うためには，カメラ機能で記録を蓄積することが大切です。
> ・スライドの入れ替えが簡単にできるため，1つの卵の観察が継続的に行うことが難しい場合には別
> 　日に採取した卵を観察したのちに，発生の順に並べ替えることも可能です。

（杉山　葵）

ろうそくが燃え続けるには

描画

Google Jamboard

■ 単元のねらい

　空気の変化に着目して，物の燃え方を多面的に調べる活動を通して，燃焼の仕組みについての理解を図り，観察，実験などに関する技能を身に付けるとともに，主により妥当な考えをつくりだす力や主体的に問題解決しようとする態度を身に付けることができる。

》 学習の進め方

① 問題や課題をつかむ

　「2つの実験から，ろうそくの火が燃え続けるために必要なことを考えよう」

② 予想を描画する　テンプレ

　蓋の空いている集気瓶でろうそくの火を燃やす実験，蓋の閉まっている集気瓶でろうそくの火を燃やす実験から，底が空いていて，蓋の閉まっている瓶の場合のろうそくの燃え方を予想する。まず，個人の考えを Jamboard に書き込み，学級全体で共有する。

③ 実験する

　底が空いていて，蓋の閉まっている瓶でろうそくの火を燃やし，観察をする。

④ 結果をまとめる　テンプレ

　実験の結果を Jamboard に書き込み，予想と比較する。

》 テンプレートの解説

　テンプレートには Jamboard が3フレームあります。集気瓶やろうそくの画像をプレゼンテーションアプリでレイアウトし，JPEG に書き出したものを背景にしています。

　1フレーム目の左側と中央の集気瓶の図には，前回の実験のまとめを書きます。2フレーム目には，前回の実験を参考に，今回の実験の予想を書きます。黄色の付箋に「消える，燃え続ける」の予想を書きます。青色の付箋の下のテキストボックスには，予想の理由を書きます。3フレーム目には，実験のまとめを書きます。

　テンプレートは，Google Classroom の［授業］→［課題］→［各生徒にコピーを作成］で配付します。

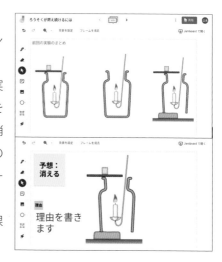

Google ドライブ のフォルダのリンクを［資料］に貼りつけておくことで，学級全体で共有することもできます。

≫ テンプレート活用の様子

児童は Classroom から［課題］をクリックします。1フレーム目の実験のまとめでは，瓶の中に入ってくる空気と出ていく空気の色を変えて表現する児童が多くいました。

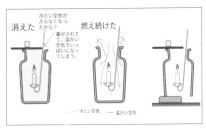

2フレーム目は，底が空き，蓋の閉まっている瓶です。ろうそくの燃え方について予想を書き込みます。予想の共有は，席を立ち歩いてペアを作り Chromebook の画面を見せ合いながら行いました。児童は「お互いに意見を言い合いやすい」という感想を口にしていました。

交流後，「なぜ消えるのか，なぜ燃え続けるのか」を学級全体で話し合いました。教師用の Chromebook を使い，大型モニターに一覧を表示します。発表者が決まれば，その児童の Jamboard を提示しました。

また，実験の様子は，Chromebook のカメラで撮影します。撮影したものは，Google ドライブ にアップロードし，グループで共有し，結果や考察を考えるときの資料にします。

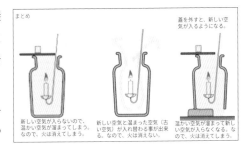

3フレーム目の実験のまとめでは，矢印の色を変えたり，瓶の中を塗りつぶしたり，ワークシートよりも効率的かつわかりやすくまとめることができました。

≫ 他の単元や教科への応用

「月と太陽」「土地のつくりと変化」など，図に色を塗ったり，矢印を使って関連を示したりして自分の予想を表現する単元に応用できます。Jamboard の背景を変えるだけで応用できます。

ここがポイント❗

・描画法を使う際紙は書き直しが難しいのが問題でしたが，Jamboard は十分に試行錯誤ができます。
・Classroom の課題機能で回収するため，教師はそれらを一覧で見ることができます。指定の児童のファイルをすぐに見ることができ，教師は指名計画を立てることもできます。

（浅井公太）

⑥ 年

植物と日光の関係

ポートフォリオ

Google スライド

■ 単元のねらい

　植物の体のつくりと葉で養分をつくる働きに着目して，生命を維持する働きを多面的に調べる活動を通して，植物の体のつくりと働きについての理解を図り，観察，実験などに関する技能を身に付けるとともに，主により妥当な考えをつくりだす力や生命を尊重する態度，主体的に問題解決しようとする態度を身に付けることができる。

》 学習の進め方

① 問題や課題をつかむ

　「葉に日光が当たると，でんぷんができるのか調べよう」

② 予想する　テンプレ

　実験計画を立てる。実験前日午後からアルミニウム箔で葉をくるみ，日光を当てないようにする。以下の3つの条件を用意する。

　ア．実験日の朝，アルミニウム箔を外し，柔らかくなるまで煮る。水で洗い，ヨウ素液につける。

　イ．実験日の朝，アルミニウム箔を外し，日光に当てる。4〜5時間後に，アと同じように，ヨウ素液につける。

　ウ．葉に日光を当てないように，実験直前までアルミニウム箔で葉をくるむ。実験では，アと同じように，ヨウ素液につける。

　実験の予想を立て，ステップチャートに記入する。

③ 実験する

　日光を葉に当てた場合と当てない場合で養分ができるのか調べる実験を行う。

④ 結果をまとめる　テンプレ

　実験の結果を スライド に書き込み，予想と比較する。わかったことをまとめる。

》 テンプレートの解説

　テンプレートには5枚のスライドがあります。1枚目は表紙です。2枚目では，実験計画を立て，ステップチャートに記入します。3, 4枚目は実験の様子，予想，結果を書きます。実験の様子は，Chromebook のカメラで撮影し，画像を挿入します。写真を入れる枠は小さいので，縮

小する必要がありますが，実験結果を確認したいときは，写真を拡大して確認することもできます。5枚目は，実験結果から考察を記入します。

　グループ数のファイルのコピーを作り、それぞれのファイルを［このリンクを知っているこのグループのメンバー全員が編集できます］に設定し，すべてのリンクを Google Classroom の［ストリーム］や［資料］に投稿します。

》テンプレート活用の様子

　1枚目に実験計画を記入します。児童だけで，細部まで実験計画を作ることは難しいため，実験計画については全体指導しました。ステップチャートの内容を修正しながら，メンバー全員が実験計画を理解し，確認することができました。

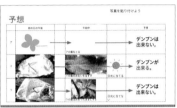

　2枚目には，実験の予想を書き，実験途中の写真を挿入します。写真の拡大，縮小だけでなくトリミングする児童もいました。写真を使うことで，実験の様子がより正確にわかります。

　3枚目には，実験の結果を書き，写真を挿入します。ヨウ素液につけた葉を朝から昼まで保存することは困難です。しかし，写真を撮っておくことで，昼に行った実験と比較しやすくなります。

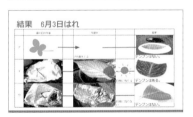

　4枚目の考察では，グループで話し合いながらスライドを編集しています。実験の計画から結果まで，同じスライドにデータがあるので，児童は実験計画に戻って考えることができます。手書きのワークシートよりも実験結果がわかりやすいので，話し合いがスムーズに進みました。

》他の単元や教科への応用

　ポートフォリオツールとして スライド を使う方法はどの教科にも応用できます。授業の振り返りを毎時間続けると，単元が終わる頃には，学びのポートフォリオとなります。

ここがポイント❗

・スライド はプレゼンテーションツールとしてだけでなく，ポートフォリオツールとしても有効です。写真の撮影や挿入も簡単なので，実験の過程をわかりやすく示すことができます。正確な記録ができることで話し合いが活性化します。

（浅井公太）

てこのはたらき

分類

Google Jamboard

■ 単元・本時のねらい

加える力の位置や大きさに着目して，これらの条件とてこの働きとの関係を多面的に調べる活動を通して，てこの規則性についての理解を図り，観察，実験などに関する技能を身に付けるとともに，主により妥当な考えをつくりだす力や主体的に問題解決しようとする態度を身に付けることができる。本時では，日常使われている道具について，てこの仕組みがどのように使われているか調べ，それぞれの目的に応じた仕組みになっていることに気付くことができる。

≫ 学習の進め方

① 学習課題を知る

「身の回りの道具に使われているてこの仕組みはどうなっているのだろうか」

② カメラで身の回りの道具を撮影する

グループで協力して，てこの仕組みが使われている道具の写真をアップで撮る。

③ 撮影した写真を分類する 　テンプレ

撮影した道具の支点・力点・作用点がそれぞれどこにあたるのかグループで相談 Jamboard の丸を動かす（赤丸：支点　青丸：力点　黄丸：作用点）。

④ グループごとに発表する 　テンプレ

分類した身の回りの道具をグループごとに大型提示装置に映し出し，発表する。

⑤ 身の回りの道具の支点・力点・作用点の位置と道具の使われ方の関係を考える

てこを利用した道具は，その目的に応じた仕組みになっていることに気付かせる。

≫ テンプレートの解説

テンプレートには Jamboard が 10 フレーム含まれ，すべて同じフレームになっています。実施方法のテキストと支点・力点・作用点が何を表すのかの図形を挿入しています。

今回はグループで 1 つのファイルを共有し，ファイル名の先頭をグループ名にしました。左側にある赤丸，青丸，黄丸は図形で挿入しているため，自由に動かすことができます。

グループ数のファイルのコピーを作り、それぞれのファイルを［このリンクを知っているこのグループのメンバー全員が編集できます］に設定し、すべてのリンクを Classroom の［ストリーム］や［資料］に投稿します。

一人一人に作業させたい場合は、Google Classroom の［授業］→［課題］→［各生徒にコピーを作成］で配付します。

》 テンプレート活用の様子

児童は Classroom から自分のグループのリンクをクリックします。Jamboard の左側のアイコン（上から5つ目）の［画像を追加］をクリックします。カメラを選び、てこの仕組みが使われている道

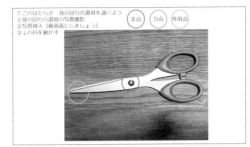

具を撮影します。撮影した画像の右上の点をクリックし、［並べ替え］→［最背面］とします。

教室内にある道具を自由に撮影していきます。その際に、教師が様々な道具を準備しておくようにします。点の位置が異なる道具を準備しておくと、児童の多様な気付きを促すことができます。赤丸（支点）、青丸（力点）、黄丸（作用点）は自由に動かすことができます。グループでそれぞれの点の位置や関係を話し合いながら、丸の図形を動かします。身の回りの道具1つにつき、1枚のフレームを使用します。1つの道具の分類が終わったら、2枚目のフレームへ移動します。グループで共有しているので、10分程度で5つ程度の道具を分類することができます。

複数の道具を調べていくうちに、「赤が真ん中のものが多いね」など、「位置」に関する発言が出たら、教師は「位置と道具の使い方に関係はあるかな？」と問いかけるとよいでしょう。児童は、それぞれの点と道具の使い方に注目するようになります。

グループごとにまとめた Jamboard を大型提示装置で示しながら、どのように分類したのかを1つずつ発表します。教師は紹介された道具を点の場所別に黒板等に分類します。グループ発表の後に、位置について児童に考えさせる展開も可能です。

》 他の単元や教科への応用

本テンプレートは、支点・力点・作用点となっていますが、テキストを変更することで様々な場面で活用が可能です。例えば、5年「植物の実や種子のでき方」では、アサガオやなすなどの様々な植物の写真を撮影し、めしべ・おしべ・がく等の分類を行うことも可能でしょう。

ここがポイント❶

・テンプレートを使うことで、3つの点に意識を集中させることができます。写真に3つの点や気付きを入力し、ページをスライドさせることで、点の位置関係の違いに気付きやすくなります。

（吉田康祐）

水溶液の性質とはたらき

■ 単元のねらい

　水に溶けている物に着目して，それらによる水溶液の性質や働きの違いを多面的に調べる活動を通して，水溶液の性質や働きについて理解を図り，実験などに関する技能を身に付けるとともに，主により妥当な考えをつくりだす力や主体的に問題解決しようとする態度を身に付けることができる。

》 学習の進め方

① これまでの水溶液の学習を振り返る

② 中心課題をつかむ

　「5 種類の水溶液から水の入ったビーカーを 2 回の実験で見つけ出そう」

② 計画を立てる　（テンプレ）

　「におい」「水を蒸発」「リトマス紙」のフローチャートを組み合わせながら，2 回の実験で 5 種類の水溶液から水を見つけ出す実験方法をグループで検討する。

④ 発展課題をつかむ

　「5 種類の水溶液からうすい塩酸水の入ったビーカーをできるだけ少ない手順で見つけ出そう」

⑤ 活動を振り返る

　より妥当な実験方法を考えることができたか振り返る。

》 テンプレートの解説

　テンプレートには，図形描画 が 1 ページあります。水溶液の性質に関する単元の最終場面で，これまでの水溶液の性質に関する複数の手法を組み合わせて課題解決をするパフォーマンス課題に対応します。水溶液の同定は，条件分岐などのプログラミング的思考を必要とします。そこで，実験計画の場面で，図形描画 の機能を使ってフローチャートを作成します。

　グループ数のファイルのコピーを作り、それぞれのファイルを［このリンクを知っているこのグルー

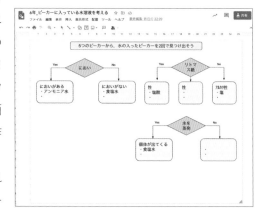

プのメンバー全員が編集できます］に設定し，すべてのリンクを Google Classroom の［ストリーム］や［資料］に投稿します。他のグループの 図形描画 が見たい場合は，資料のリンクから確認することができます。

　グループではなく，個人で考えさせたい場合は Classroom の［授業］→［課題］→［各生徒にコピーを作成］で配付します。

テンプレート活用の様子

　児童は， Classroom から自分のグループのリンクをクリックします。テンプレートは，未完成のフローチャートが配置されています。単元の学習を振り返り，「におい」「リトマス紙」「水を蒸発」によって水溶液を同定するフローチャートを完成させます。

　本時の課題は，2回の実験で水の入ったビーカーを見つけ出すための実験計画を立てることです。実験計画を立てる際に，「におい」「リトマス紙」「水を蒸発」のそれぞれのフローチャートの組み合わせを検討しながら，2回の実験で見つけ出す手順を検討します。右下の図は，手順が3回になってしまった例です。

　次の課題は，「5種類の水溶液からうすい塩酸水の入ったビーカーをできるだけ少ない手順で見つけ出そう」です。上記と同様に，フローチャートを操作しながら検討します。

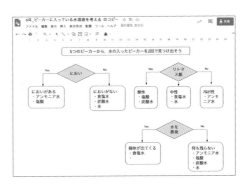

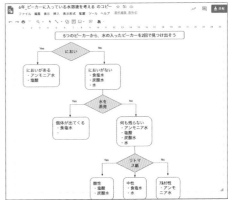

他の単元や教科への応用

　何かの条件で分類していくフローチャートは，算数科の図形の分類で活用できます。例えば，三角形や台形，ひし形などをそれぞれの条件で分類するにあたり，フローチャートで可視化することは有効な手立てとなります。

ここがポイント❗

・フローチャートは，一般にプログラミングを設計するときに活用します。ゼロから作成するのは大変です。そこで，いくつかのパーツを提示し，それらをどのように組み合わせるのかを議論させます。これまでの学習成果を活用し，グループで試行錯誤しながら図を配置することで，妥当性のある方法を検討できるでしょう。

（福井美有）

電気のはたらき

協働

分類

Google スライド

■ 単元のねらい

　電気の量や働きに着目して，それらを多面的に調べる活動を通して，発電や蓄電，電気の変換についての理解を図り，観察，実験などに関する技能を身に付けるとともに，主により妥当な考えをつくりだす力や主体的に問題解決しようとする身に付けることができる。

》 学習の進め方

① 問題や課題をつかむ

　「電気は，どのようなものに変わる性質があるのか，身の回りの道具について調べよう」

② 予想する　テンプレ

　電気が光や熱以外にどんな性質に変わるのか予想する。また，電気をいろいろな性質に変えて利用している身の回りの道具について予想する。

③ 調べる　テンプレ

　校内で，電気をいろいろな性質に変えて利用している身の回りの道具を見つけ，写真を撮る。

④ 結果をまとめる　テンプレ

　写真を分類しながら，電気を光，熱，音，運動に変える道具があることについて話し合う。

》 テンプレートの解説

　テンプレートには，4枚のスライドがあります。グループで1つのファイルを共有しました。

　1枚目は表紙です。2枚目には名前を書き，電気はどのようなものに変わる性質があるのかについて，個人で予想を書きます。3枚目には，撮影した写真を挿入します。背景に赤，青，黄色の図形が挿入されていて，撮影した道具の写真を分類しやすいようにしています。4枚目には，電気を光，熱，音，運動に変える道具があることについて話し合った内容を記入します。また，主にこの

予想：電気が〇〇に変わって利用できると思う	
名前	予想

〇〇に変わる	〇〇に変わる	〇〇に変わる

スライドを使いながらクラス全体に発表します。

配付する際には，グループ数のファイルのコピーを作り，それぞれのファイルを［このリンクを知っているこのグループのメンバー全員が編集できます］に設定し，すべてのリンクを Google Classroom の［ストリーム］や［資料］に投稿します。

≫ テンプレート活用の様子

まずは1枚目に，名前，予想を各自が記入します。共同編集をしているので，リアルタイムにメンバーの予想を共有できます。

次に，校内を歩き，電気をいろいろな性質に変えて利用している身の回りの道具を探し，写真を撮ります。クラウドを活用すれば，写真の共有も簡単にできるので，学校の探索はグループではなく各自で行うと効率的です。共同編集をしているので離れて活動しても，教室に戻れば会話が弾みます。撮影した写真は，2枚目のスライドに挿入し，性質ごとに分けて分類します。複数の性質のある道具は写真をコピーしてどちらにも表示するグループもありました。

分類後は，3枚目のスライドに電気を光，熱，音，運動に変える道具があることについて話し合った内容のまとめを記入します。

グループごとのまとめが終わったら，Chromebook を持ち，席を立ってペアになり，それぞれのグループで作成した資料を基に交流をします。

≫ 他の単元や教科への応用

スライド を話し合いのツールとして使う方法は，理科に限らずどの教科でも応用できます。共同編集をすれば，発表が苦手な児童でもアウトプットする機会が増えるでしょう。

ここがポイント❶

・大型提示装置で発表することも多いですが，端末を持ち歩き，その場でプレゼンをするのも効果的な方法と言えます。
・共同編集をすることで，他者の学びを参考にすることもできます。

（浅井公太）

食べ物を通した
生きもののつながり

描画

Google Jamboard

■ 単元のねらい

　生物と水，空気及び食べ物との関わりに着目して，それらを多面的に調べる活動を通して，生物と持続可能な環境との関わりについての理解を図り，観察，実験などに関する技能を身に付けるとともに，主により妥当な考えをつくり出す力や生命を尊重する態度，主体的に問題解決しようとする態度を身に付けることができる。

》 学習の進め方

① 問題や課題をつかむ

　「カレーライスはどのような材料からできているのだろう？」

② 概念地図の作成（ウェビング）をグループごとに行う　テンプレ

　グループごとの Jamboard を使って，カレーライスに使われている材料を各自が付箋で貼り付けていく。その後，書き出した材料同士のつながりを描画する。

③ ウェビングから気付いたことをグループで話し合う　テンプレ

　ウェビングしたものから気付いたことを話し合い，テキストで Jamboard に書き込む。

④ グループごとに発表する　テンプレ

　分類した実験の結果を Jamboard に書き込み，予想と比較する。実験結果からわかったことをまとめる。

》 テンプレートの解説

　テンプレートには，Jamboard が２フレームあります。１枚目はカレーライス，２枚目は水を中央に付箋として貼り付け，右上には活動の概要を記載しています。今回はグループで１つのシートを共有しているので，ファイルの名前はグループ名にしました。グループ数のファイルのコピーを作り，それぞれのファイルを［このリンクを

知っているこのグループのメンバー全員が編集できます］に設定し，すべてのリンクを Google Classroom の［ストリーム］や［資料］に投稿します。

》テンプレート活用の様子

　児童は Classroom から自分のグループのリンクをクリックします。中央のカレーライスがどのような具材からできているのかを話し合い，米，じゃがいも，にんじん，たまねぎなどの具材を付箋で貼り付けます。それらの具材が植物なのか動物なのかなどを考えながら，貼り付けた付箋の外側に追加していきます。付箋は自由に動かすことができるので，共通したものは近くに配置するとまとめやすくなると伝えました。付箋同士のつながりがわかるように描画機能を使って矢印を書き込みます。また同じようなまとまりになるものは付箋の色を変えるとわかりやすいでしょう。話し合っていく中で，「肉からも植物がつながっているよ」など，気付いたことをテキストで書いていきます。

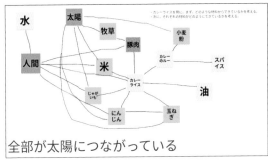

全部が太陽につながっている

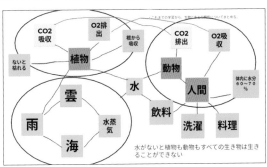

　各グループの概念地図（ウェビング）を大型提示装置に映し出し，話し合った内容を発表します。他のグループのリンクをクリックすることで，閲覧することも可能です。

　同様の学習方法で，生物と水の関係についてウェビングでまとめる学習を行います。

》他の単元や教科への応用

　ウェビングは活用しやすい思考ツールです。中央の付箋を変えることで様々な場面で活用することができます。例えば，総合的な学習の時間のテーマ決めや，小単元の終末での学びの整理などに使えます。

> **ここがポイント❗**
> ・理科では，概念地図（ウェビング）は様々なシーンで使われています。今回は，カレーの材料をたくさん考え，付箋に書き込みました。その後，食物連鎖の関係で整理しています。前者は発散的思考，後者は収束的思考です。創造的思考には，発散と収束が含まれると言われます。様々なシーンで活用し，創造的思考を伸張させましょう。
> ・Jamboard を使うことで修正が簡単になり，試行錯誤ができるようになります。また，過去の概念地図を手がかりに新しい地図を作成したり，現在の地図と比較したりすることで，学びを深めることができます。

（吉田康祐）

人と空気との関わり

協働

Google スライド

■ 単元のねらい

　生物と水，空気及び食べ物との関わりに着目して，それらを多面的に調べる活動を通して，人の生活と持続可能な環境との関わりについて理解を図り，観察，実験などに関する技能を身に付けるとともに，主により妥当な考えをつくりだす力や生命を尊重する態度，主体的に問題解決しようとする態度を身に付けることができる。

≫ 学習の進め方

① 学習課題を知る

　「空気について学んできたことと人の生活との関わりをまとめよう」

② 4 つの単元について振り返りを行う

　「物の燃え方と空気」「人や動物の体」「生物のくらしと環境」「水溶液の性質」の 4 つの単元から空気と人の生活との関わりについて確認する。

③ 二酸化炭素や空気を汚すものを出さない工夫について調べる

　インターネット等を活用してグループごとに調べる。

④ 調べたことをまとめる　テンプレ

　画像やテキストなどを使用しながら，それぞれの工夫について 1 枚のスライドにまとめる。

⑤ 人と空気との関わりについて話し合う　テンプレ

　調べたことを基にしながら，人と空気との関わりについて話し合い，文章等でまとめる。

⑥ グループで調べた結果をプレゼンテーションする　テンプレ

　スライドを大型提示装置に示しながらグループごとに発表する。人と空気の関わりについてまとめる。

≫ テンプレートの解説

　テンプレートには，6 枚のスライドがあります。1 枚目は表紙で，グループメンバー名を記入します。2 枚目はどのように学習を進めていくのかという学習の手引きです。3 〜 5 枚目は，二酸化炭素や空気を汚すものを出さない工夫について調べたことをまとめるスライドです。6 枚目は，人と空気との関わりについてまとめるスライドです。それぞれのスライドには，テキストボックスを挿入してあり，文字を入力できるようになっています。

　グループ数のファイルのコピーを作り，それぞれのファイルを［このリンクを知っているこのグ

ループのメンバー全員が編集できます］に設定し，すべてのリンクを Google Classroom の［ストリーム］や［資料］に投稿します。

テンプレート活用の様子

　4つの単元の振り返りが終わったグループから， Classroom から自分のグループのリンクをクリックして，話し合い用のスライドを準備します。メンバーで「二酸化炭素や空気を汚すものを出さないために，どんな工夫があるのか」について話し合います。児童は，燃料電池自動車や太陽光発電など，様々な工夫を列挙しました。出てきた工夫をグループ内で分担して調べ学習を行います。スライドをグループで共有することで，進捗状況を確認しながら進めることができます。

　スライドは各自に1枚用意しましたが，複数ページが必要な場合には枠をコピーして作成するように伝えました。

　調べたテーマ，自分の名前，調べた内容を記入し，画像やテキストを挿入しながらまとめていきます。よいまとめ方のグループがあれば，活動中であっても大型提示装置に提示することで，他グループのまとめの参考にさせるとよいでしょう。

　調べ学習及びスライドへのまとめが終わったグループから，テンプレートの最後のスライドを使って，人と空気との関わりについて総合考察を行います。今後の具体的な取組について考えていけるように，教師が声かけをするとよいでしょう。

他の単元や教科への応用

　理科の授業に限らず，テーマを設定した調べ学習を行う際には応用することができます。ページを分担することで，短い時間で効率的に学習を深めることができます。またジグソー学習のような話合い活動でも効果的に活用することができます。

ここがポイント❗

・グループのメンバーで分担し，同時に編集を進めることで，たくさんの情報をまとめることができます。
・スライドの共同編集では，ページとページの関連や最後のまとめを考えながら作業を進めます。個別に活動させるのでなく，互いにスライドのサムネイル（左側のスライド一覧）を確認し合い，話し合いながら進めるとよい作品になるでしょう。

（吉田康祐）

おわりに

　私が教員となったころ，学校にコンピュータが導入され始めました。機器やソフトウエアの選定などに苦労した覚えがあります。当時，コンピュータを用いた授業も実践され始めたばかりでしたので，試行錯誤の連続でした。教材を児童生徒機に配信する独自のシステムが時々不具合を起こして，1時間の授業の3分の2がつぶれてしまったこともあります。それでも，コンピュータを使えないとか，使わないと考えたことは一度もありませんでした。なぜなら，生徒にとってコンピュータを使った学びは，確実に効果があると考えていたからです。

　2021年，1人1台端末と高速ネットワークが全国の学校に整備され，GIGAスクールがスタートしました。いつかこのような日が来るとは思っていましたが，ようやく実現したかと感慨深いものがあります。現在，私は大学教員なので，日常的に児童生徒に対して授業をすることができません。コンピュータ室に行かなければできなかった授業と比べて，あんなことも，こんなこともやってみたいと考える日々です。

　しかし，学校現場では急な導入であったために（私自身は急だとは思っていませんが…），どう使えばよいのか，セキュリティは大丈夫なのか，壊れたらどうするかなど，多くの先生方が困っているという声を聞きます。

　本書は，そんな先生方に向けて，今まで行っていた普段の授業をクラウド環境である Google Workspace for Education を使って行うと，こんな新しい可能性がありますよという提案です。

　1人1台端末のクラウド環境とノートやプリントなどのアナログ環境との大きな違いの一つは，様々な情報の収集や整理が簡単にできるという点ではないでしょうか。

　理科では撮影した写真を Google スライドに貼り付けたり，算数では計測したものの長さや重さを Google スプレッドシートに書き込んだりして共有し，それらを複製したり削除したりして，新しい情報を協働的に作り出すことができます。教師が知識や技能を教えることよりも，児童生徒が自ら考え，判断し，表現する学習活動と言えるでしょう。

　システムや機器にトラブルはつきものです。教師が端末やアプリの機能に熟知していなければ授業ができないというわけではありません。使い方は児童生徒に聞く，そんな気持ちで ICT を活用した授業が日常的になることを願っています。このテンプレートが全国の先生方の授業の一助となれば幸いです。

　本書を執筆するにあたり，多くの小学校の先生方が授業実践をご執筆いただき，ありがとうございました。みなさんの実践なくしてこの本の出版は叶いませんでした。また，東北大学堀田龍也先生，信州大学佐藤和紀先生からは，大変お忙しい中，ご寄稿いただき，感謝申し上げます。

　最後に，東洋館出版社上野絵美様，そして，Google for Education のみなさまには，このような機会を与えていただき，深く感謝申し上げます。

　2021年8月5日（アブラゼミの鳴く猛暑日）

中野博幸

【監修者】

■ **堀田龍也**（東北大学大学院情報科学研究科 / 東京学芸大学大学院教育学研究科）

　　東京学芸大学を卒業，東京工業大学で博士（工学）を取得。東京都公立小学校教諭を経て，富山大学教育学部，静岡大学情報学部，玉川大学教職大学院，文部科学省参与（併任）等を経て現職。専門は教育工学，情報・メディア教育。中央教育審議会委員，文部科学省「デジタル教科書の今後の在り方等に関する検討会議」座長，「教育データの利活用に関する有識者会議」座長等，教育の情報化に関する委員を歴任。主な著書は『ポスト・コロナショックの学校で教師が考えておきたいこと』（分担執筆，東洋館出版 2020），『学校アップデート – 情報化に対応した整備のための手引き』（編著，さくら社 2020）など。

【編著者】

■ **久保田善彦**（玉川大学教職大学院）

　　東京学芸大学大学院を修了後，公立の中学校および小学校に 15 年間勤務する。その後，上越教育大学教職大学院，宇都宮大学教職大学院を経て現職。文部科学省 ICT 活用教育アドバイザー，一般社団法人日本理科教育学会会長など。理科教育，教育工学を専門としている。主な著書は『GIGA スクールで実現する新しい学び』（監修，東京書籍 2021）『これならできる小学校教科でのプログラミング教育』（監修，東京書籍 2018）など。

■ **中野博幸**（上越教育大学教職大学院）

　　新潟県公立中学校・小学校教員 20 年，指導主事 3 年，任期付き大学教員 6 年を経て，現職。数学教育，教育工学を専門とし，教育用ソフトウエアなどの開発を行っている。

　　主な著作は『数学好きを育てる教材アイデア』（共著，学校図書 2016）「月の満ち欠け AR ＋（シミュレーションアプリ）」など。

■ **佐藤和紀**（信州大学教育学部）

　　東北大学大学院情報科学研究科修了，博士（情報科学）。東京都公立小学校，常葉大学教育学部等を経て，2020 年 4 月より現職。文部科学省「GIGA スクール構想に基づく 1 人 1 台端末の円滑な利活用に関する調査協力者会議」委員，文部科学省 ICT 活用教育アドバイザーなど。主な著書は『GIGA スクールはじめて日記』（監修，さくら社 2021）『GIGA のつまずきに徹底対応！1 人 1 台端末活用パーフェクト Q&A』（編著，明治図書 2020）など。

【執筆者】※五十音順

■ **青柳咲紀**　　　静岡県袋井市立袋井北小学校

■ **浅井公太**　　　静岡県静岡市立南部小学校

■ **稲木健太郎**　　栃木県壬生町立睦小学校

▥ **大久保紀一朗**　島根県雲南市立木次小学校

■ **杉山　葵**　　　静岡県函南町立東小学校

■ **棚橋俊介**　　　静岡県焼津市立豊田小学校

■ **久川慶貴**　　　愛知県春日井市立藤山台小学校

▥ **福井美有**　　　愛知県春日井市立出川小学校

■ **吉田康祐**　　　静岡県静岡市立横内小学校

テンプレートでわかる算数・理科のクラウド活用
今すぐ始める Google Workspace for Education

2021（令和 3）年 9 月 16 日　　　　　　　　　初版第 1 刷発行

監修者：堀田龍也

編著者：久保田善彦・中野博幸・佐藤和紀

発行者：錦織圭之介

発行所：株式会社　東洋館出版社

　　　　〒113-0021　東京都文京区本駒込 5 丁目 16 番 7 号

　　　　営業部　電話 03-3823-9206　FAX 03-3823-9208

　　　　編集部　電話 03-3823-9207　FAX 03-3823-9209

　　　　振　替　00180-7-96823

　　　　URL　http://www.toyokan.co.jp

装　　丁：小倉祐介

本文デザイン：藤原印刷株式会社

印刷・製本：藤原印刷株式会社

ISBN978-4-491-04600-6

Printed in Japan